知的障害のある子への日常生活の指導と教材

楽しく学べる絵カード全データ&
学習段階アセスメント表付き

大高正樹 著

CD-ROM付き

明治図書

はじめに

　私は，教員として養護学校（現特別支援学校）に勤務し15年が経ちました。その間，「個別学習」の教材（教育課程上，「自立活動」や「国語・算数」）を特に熱心に研究し，認知発達で言うと6カ月～3歳程度の子どもの教材を作り続けてきました。

　そのような中で，常に「机上で学習したことが日常生活でどのようにいきるのか？」ということが頭から離れませんでした。学校の授業は「個別学習」だけではなく「日常生活の指導」にも多くの時間が費やされています。

　最初は机上での学習と日常生活の指導の関連もあまり分からないでいたのかもしれません。しかしながら，教員を続けていくうちに少しずつ「個別学習」と「日常生活」の関連が見えてきました。そして，「この子どもの学習の段階がこの程度だから，日常生活の指導でもこのような環境設定をすればよいかもしれない」というアイデアが湧くようになりました。

　「日常生活の指導」では，生活年齢が大きくかかわっています。小学1年生と中学1年生ではたとえ机上での学習課題が同じ程度であっても，日常生活でできることは大きく違うのです。しかしながら，一方で，認識力が全く関係ないかというと，そうではないことも体感してきました。

　子どもの学習段階を意識して指導することで，見違えるほど「日常生活の指導」での子どもの様子が変わってきます。本書では，学習段階としての「MOアセスメント」と「日常生活の指導」を照らし合わせて指導しています。子どもによる個人差もありますので，「MOアセスメント」が絶対的とは言いませんが，簡略にできる本アセスメントを「目安」として用いてみていただき，本書に掲載した指導アイデアを試してみていただければ幸いです。

　「学習段階に相応した日常生活の指導をしなければならない」と固定的に考えるのでなく，「子どもの実態に応じて，できなければ1つ前の段階に下げ，できたならば1つ上の段階に上げればいい」という柔軟な発想で対応するとよいでしょう。子どもにとって「できる」環境を見つけ出すことが大切なのです。ぜひ数多くの「できる」を子どもとともに見つけ出していただきたいと思います。

大高　正樹

もくじ

はじめに 3

第1章 「日常生活の指導」とは……………………………………………… 7

1 「領域・教科を合わせた指導」とは……………………………………… 7
2 日常生活の指導のねらい………………………………………………… 7
3 「日常生活動作（ADL）」と「日常生活の指導」……………………… 8
4 時間割上に見る「日常生活の指導」…………………………………… 9
5 「日常生活の指導」の留意点（その1）………………………………… 9
6 「日常生活の指導」の留意点（その2）………………………………… 11
7 「日常生活の指導」の留意点（その3）………………………………… 11

第2章 発達チェックのためのアセスメント……………………………… 12

1 「MO教材アセスメント」の作成経緯と改訂経緯……………………… 12
2 「MO教材アセスメント2013年度版」（複写可）……………………… 13
3 各シートの分かれ目……………………………………………………… 17
4 「MO教材アセスメント簡易評価表」（複写可）……………………… 21

第3章 指導の実践と教材の工夫例………………………………………… 22

§1 「玄関」での工夫 22

1 玄関での「靴の脱ぎ履き」について…………………………………… 22
2 【シート3】の子どもに対しての工夫…………………………………… 23
　事例① 自分の場所と友達の場所の区別がつきにくい子どものために（その1）　23
　事例② 自分の場所と友達の場所の区別がつきにくい子どものために（その2）　24
3 【シート2】の子どもに対しての工夫…………………………………… 25
　事例③ 靴の左右を間違えて履いてしまう子どものために　25
4 【シート1】の子どもに対しての工夫…………………………………… 26
　事例④ 靴箱の枠内に靴を入れることが難しい子どものために（その1）　26
　事例⑤ 靴箱の枠内に靴を入れることが難しい子どものために（その2）　27

§2 「荷物整理」での工夫　29

- 1 「荷物整理」のバリエーション…… 29
- 2 【シート4】の子どもに対する支援…… 32
  - 事例① 荷物整理の途中で他のことが気になってしまう子どものために　32
- 3 【シート3】の子どもに対する支援…… 33
  - 事例② 実物同士なら「同じ」と理解できる子どものために　33
- 4 【シート2】の子どもに対する支援…… 34
  - 事例③ 写真や絵で示された荷物を入れることが難しい子どものために　34
  - 事例④ 友達の場所と自分の場所を写真で区別することが難しい子どものために　35
- 5 【シート1】の子どもに対する支援…… 37
  - 事例⑤ 荷物を手に取って持ち上げられない子どものために　37
  - 事例⑥ 荷物（連絡帳・給食袋）に手が伸びない子どものために（その1）　38
  - 事例⑦ 荷物（連絡帳・給食袋）に手が伸びない子どものために（その2）　39

§3 「着替え」での工夫　40

- 1 「着替え」のバリエーション…… 40
- 2 【シート4】の子どもに対しての工夫…… 47
  - 事例① 下着シャツが出てしまう子どもに対して　47
  - 事例② ジャンパーを脱ぐ時に裏脱ぎになってしまう子どもに対して　48
  - 事例③ ボタンがずれてしまう子どもに対して　49
  - 事例④ ズボンが裏脱ぎになってしまう子どもに対して　50
  - 事例⑤ 「ブティック畳み」で反対に畳んでしまう子どもに対して　51
- 3 【シート3】の子どもに対しての工夫…… 52
  - 事例⑥ 前後を逆に着てしまう子どもに対して（その1）　52
  - 事例⑦ 前後を逆に着てしまう子どもに対して（その2）　54
  - 事例⑧ 前後を逆に着てしまう子どもに対して（その3）　55
  - 事例⑨ ボタンがずれてしまう子どもに対して　56
- 4 【シート2】の子どもに対しての工夫…… 57
  - 事例⑩ 服を畳む時，折り目を理解することが難しい子どものために（その1）　57
  - 事例⑪ 服を畳む時，折り目を理解することが難しい子どものために（その2）　59
  - 事例⑫ 服を畳む時，折り目を理解することが難しい子どものために（その3）　60

事例⑬	服を畳む時，折り目を理解することが難しい子どものために（その4）	64
事例⑭	ハンガーに服を掛けることが難しい子どものために（その1）	65
事例⑮	ハンガーに服を掛けることが難しい子どものために（その2）	66
事例⑯	ハンガーに服を掛けることが難しい子どものために（その3）	67

5 【シート1】の子どもに対しての工夫 …………………………………………………… 68

事例⑰	自力で脱ぐことが難しい子どものために	68
事例⑱	服を脱いだら，そのまま床に落としてしまう子どもに対して	68
事例⑲	ジャンバーをハンガーに掛けることが難しい子どもに対して	69

§4 「朝の会」での工夫　70

1 「朝の会」のバリエーション……………………………………………………………… 70
2 【シート4】の子どもに対する工夫……………………………………………………… 79
3 【シート3】の子どもに対する工夫……………………………………………………… 80
4 【シート2】の子どもに対する工夫……………………………………………………… 85
5 【シート1】の子どもに対する工夫……………………………………………………… 88

§5 「給食準備」での工夫　93

1 台布巾を畳む………………………………………………………………………………… 93
2 机を拭く……………………………………………………………………………………… 96
3 給食着を着る……………………………………………………………………………… 100
4 牛乳を配る………………………………………………………………………………… 102
5 お皿を配る………………………………………………………………………………… 104

§6 「掃除」での工夫　105

1 床をほうきで掃く………………………………………………………………………… 105
2 ちり取りでゴミを取る…………………………………………………………………… 107
3 バケツに水をくむ………………………………………………………………………… 108
4 床を雑巾がけする　その1（床の道しるべに関して）……………………………… 109
5 床を雑巾がけする　その2（雑巾の持ちやすさに関して）………………………… 110
6 雑巾を干す………………………………………………………………………………… 111

■CD収録内容／イラスト一覧　雛形ワードファイル ……………………………… 112

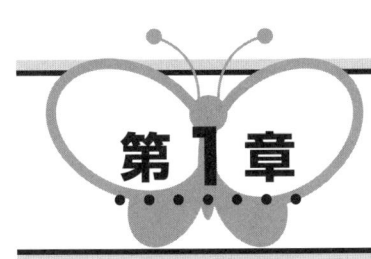

第1章 「日常生活の指導」とは

1 「領域・教科を合わせた指導」とは

　本書で取り上げる「日常生活の指導」は，特別支援学校など，障害のある子どもの指導では，かかせないものです。特別支援学校の学習指導要領で「日常生活の指導」はどのように規定されているのか等々その位置付けをみてみます。

　「日常生活の指導」は，「学校教育法施行規則」第130条に定められた「領域・教科を合わせた指導」の1つになります。

> 「学校教育法施行規則」第130条
> 　特別支援学校の小学部，中学部又は高等部においては，特に必要がある場合は，（中略）各教科（中略）の全部又は一部について，合わせて授業を行うことができる（→教科を合わせた指導）。
> 2　（中略）各教科，道徳，外国語活動，特別活動及び自立活動の全部又は一部について，合わせて授業を行うことができる（→領域を合わせた指導）。

　障害があり，学習が初期段階にある子どもには，教科を1つ1つ取り上げて指導することが難しい場合が多く，それよりも，生活に即した内容を直接的に取り扱う方が効果的と考えられるからです。

　その具体的な授業形態として全国的に取り上げられてきたのが「生活単元学習」「作業学習」「遊びの学習」「日常生活の指導」です。

□ 領域・教科を合わせた指導

(日常生活の指導)　(遊びの指導)　(生活単元学習)　(作業学習)

2 日常生活の指導のねらい

　平成6年に文部科学省が発行した「日常生活の指導の手引（改訂版）」では，その意義として「日常生活の指導で終局的に目指すことは，児童・生徒が1日の生活に見通しを持って，その時々の日常生活の諸活動を自力で処理できるようにすることである。単に，身辺生活の処理

に関わる技能を高めることにとどまらず，日常生活をより自立的・発展的に行うための<u>生活意欲や生活態度を育てることも意図している</u>」と記しています。

「1日の生活に見通しを持つこと」とひと言で言っても，子どもによってはとても難しい場合もあります。1日の活動はおろか，次に何を行うのかも見通しを持つことが難しく，日常生活で混乱してしまう子どもを担任した経験もあります。そんな時，どうしたら，「生活意欲・生活態度を育てる」ことができるのか悩んでしまいます。

□ **実践での苦悩①**

毎朝学校に来るとパニック！教室で寝転がってしまう。そんな時どうする？

こんな経験のある方もいらっしゃるかと思います。このような子どもを前にした時，私の頭の中には，目の前の子どもに「活動をしてほしい」「<u>活動させたい</u>」と思う自分と「その子のありのままを受け入れよう」と思う自分が登場し悩んでしまいます。

「荷物整理」と「着替え」をやらなくては「朝の会」が始まらない。朝の会が始まらなくては他の子にも迷惑。どうしよう！		「荷物整理」と「着替え」はやらなくても大丈夫。「朝の会」だって参加しなくても大丈夫。まずは落ち着くこと！

誰にだってパニックは心地よいものではありません。できれば，落ち着いて日常生活を送ってほしいです。私自身も経験の浅い頃は，「何とか自分の力でパニックを止めるぞ！」という気持ちが強く出ていたような気がします。しかしながら，経験を重ね，ようやく，「起きてしまったものは仕方がない。じっくり待とう」と思えるようになりました。それと同時に「なぜ起きたのか？」その原因を徹底的に分析し「次は，絶対に起こらないような展開を作るぞ！」という気持ちが持てるようになりました。では，パニックが起こらないような授業展開とは？ズバリ！「<u>子どもが現在持っている力で無理なくできる活動内容にする</u>」ことだと思います。そのように考えるようになってからは，たとえ混乱していたとしても，「日常生活の指導」の授業を受けることで混乱がおさまり，授業に主体的に取り組む子どもの姿がたくさん見られるようになりました。

3 「日常生活動作（ADL）」と「日常生活の指導」

「日常生活の指導」と混同しやすい用語として「日常生活動作（Activities of daily living）」

があります。これは，リハビリテーションや介護の分野で用いられる用語で，食事，排泄，更衣，入浴，整容，移動など基本的活動を示し，どの程度自立的な生活が可能かを評価する尺度としても使われています。

前述したように「日常生活の指導」は「単なる身辺処理の技能を高めることにとどまらない」ので，単に「日常生活動作（Activities of daily living）」のレベルアップだけを目指すものではありません。

4 時間割上に見る「日常生活の指導」

「日常生活の指導」は，日常生活の自然な流れに沿い，その活動を実際的で，必然性のある状況下で行う必要があります。そのため時間割上は「帯状」に設定されています。つまり，毎日同じ時間に一定時間反復して行う活動なのです。大別すると「登校後の時間」「給食前後の時間」「下校前」に分けられるでしょう。具体的に「登校後の時間」では「登校」「靴の脱ぎ履き」「荷物整理」「着替え」「朝の会」「朝の運動」など，「給食前後の時間」では「給食準備」「食事」「給食片付け」「歯磨き」など，下校前では「荷物整理」「着替え」「帰りの会」などが行われています。また，「係の仕事」や「掃除」も「日常生活の指導」の内容になります。

5 「日常生活の指導」の留意点（その1）

「日常生活の指導」を行う上での留意点として，「日常生活の指導の手引（改訂版）」では「日常生活の指導として指導される児童生徒の活動は，毎日，一定時間にほぼ同じように繰り返される活動であり，児童生徒にとって生活上必要不可欠な活動である。したがって，指導が適切であれば，児童生徒は，生活を処理する能力を確実に高めていくが，反面，毎日同じような活動が固定的に繰り返されて，児童生徒の活動の仕方が常同化し，発展的に変化しにくくなることがある。指導にあたっては，固定化しつつある活動の仕方を，より水準の高い活動の仕方に変えていくように適切な手だてを講じる必要がある」と記されています。

よく「この子はパターンでできているからね」という言葉を耳にします。ひたすら繰り返し行ったことにより，体にその行動が刷り込まれてできるようになった状態を示しているのだと思います。私は，パターン化そのものは悪いことではなく，むしろ「大いに活用すればよい」と考えています。大切にしたいのは，パターンが1種類ではなく数種類に広がることだと思います。そのためにも「固定化しているのか？」を見分けることが必要になってきます。

実践での苦悩②

> 特別な行事が入りいつも行っている活動を省略したいが、子どもがいつものパターンを変えられない。そんな時どうする？

　このような経験がある方もいらっしゃるかと思います。教師にとっては、毎日繰り返し行ったことにより、子どものできなかった活動ができるようになることはとてもうれしいことです。だからと言って、できるようになってすぐ、次の課題へ行くのは時期尚早です。しかしながら繰り返しすぎて固定化してしまってもいけません。

　子どもの行動を見て「まだ繰り返した方がいいのか？」「次に行かないと固定化してしまうのか？」を見極めることはとても難しいことです。自分自身の中でも双方の発想で迷うこともも多いです。

| 「まだ、できるようになったばかりだから、この活動は繰り返し続けた方がいい！」 | | 「次の活動に行かないと、固定化してしまう。固定化する前に次の活動に行った方がいい！」 |

　そんな時、心がけているのが、どちらにしても「次の活動を考え、用意しておくこと」です。そして、「やってみて、まだ駄目だったら、それを押し切らず、前の活動に戻ること」です。考えたら、用意したら、やってしまうのが人間かもしれません。また、そうであるからこそ次へ発展していくのです。しかし、もっと大切なのは、子どもの反応を見て「難しければ、引くこと」です。これができるようになってから、授業がとてもスムーズに展開できるようになりました。それに伴い、子どもの行動が常同化・固定化して抜け出せなくなることが減ってきました。

> 「いつものパターンならば落ち着く」という朝の展開を確立することがとても大切！しかしながら、「いつもとパターンが違った時に混乱しない」程度に変化をつけていくことも大切！それを判断するために、教師は複数のバリエーションを用意しておくこと！実際にやってみて、是非を判断するのは、教師でなく子どもであるということ！

6 「日常生活の指導」の留意点（その２）

「日常生活の指導」は「できつつあることや意欲的な面を考慮し，適切な支援を行うとともに，目標を達成していくために，段階的な指導ができるもの」でなくてはなりません。ついつい，行ってしまうのが，「できないことでも，繰り返し行えば，いつかはできるようになるのではないか？」という発想を持ち，繰り返して指導してしまうことです。自閉傾向のある子どもだと，前述したパターン化によりできるようになる例もありますが，私の経験上では，そのようにして獲得した力ほど，固定化しやすく，応用が効かないように思えます。

「いつでも，どこでも，誰とでも」できるようにするためには，「できないことができるようになった」という事実だけでは不十分で，「どのようにしてできるようになったのか」という過程も大切なのです。そして，「別の機会に行ったらどうだろう？」「別の場面だったらどうだろう？」「別の人と行ったらどうだろう？」ということを常に考え，スモールステップの（段階的な）教材・アイデアを，たくさん用意しておく必要があります。

そのためには，子どもの生活年齢と合わせて，発達年齢も把握する必要があります。

7 「日常生活の指導」の留意点（その３）

「日常生活の指導」は「指導場面や集団の大きさなど，活動の特性を踏まえ，一人一人の実態に即した効果的な指導ができるように計画されている」必要があります。具体的に考えると「荷物整理」「着替え」は個別的に，「朝の会」は集団的に行うというのが定番かもしれません。それぞれの活動の特性を踏まえているから，そのような形態が定番化するのでしょう。それそのものには異論はありませんが，「荷物整理」「着替え」もクラスにゆっくりな子どもと素早く行ってしまう子どもがいた場合はどちらの子どものペースに合わせるのか考える必要が出てきます。「クラスとして何時何分までに『荷物整理』『着替え』を終わらせるのか」を考えた時「クラス集団」を意識せざるを得ません。逆に「朝の会」は「集団で行う活動」ではありますが，一人一人に合わせた個別的な活動を用意しなければ，実質的に一部の認識力の高い子どもだけの参加で授業が進んでいってしまいます。

本書では，「指導の工夫の紹介」という観点から，集団性にはあまり触れない内容となっていますが，本書での指導の工夫を参考に実際の授業を行う際は，集団という意識も持ちながら，ご活用いただきたいと思います。

第2章 発達チェックのためのアセスメント

1 「MO教材アセスメント」の作成経緯と改訂経緯

　本書では，私の恩師である水口浚先生に教えていただいたことをベースに，私の経験を加えてまとめた「水口・大高教材アセスメント」を元に子どもの状態を把握し，その段階に応じた「日常生活の指導」のための教材や指導の工夫について述べています。

　水口浚先生とは，若い頃から心理学者の梅津八三先生に師事され，教材教具を通して障害の重い盲，ろう，肢体不自由，知的障害の子どもたちとかかわってこられた先生で，障害児基礎教育研究所を設立し，亡くなられるまで研究を続けられてきた私の恩師です。

　「水口・大高教材アセスメント」は，そんな教材教具に深い造詣のあった先生から教えていただいた身近な教材で子どもの様子をとらえられるアセスメントです。

　『知的障害のある子への〈文字・数〉前の指導と教材』（大高正樹著，2010年，明治図書）に初めて掲載しました。しかしその後，このアセスメントを活用しての実践を深めてきた中で，障害を持つ子どもたちから学んだ知見を元に，修正を加え，本書には改訂版を掲載しました。

　具体的には，①18教材で3枚のシートだったものを，20教材で4枚のシートとし，文字・数導入期に当たる段階をより細かくしました。②各シートの分かれ目になる教材を4教材ピックアップし，簡易評価を行えるようにしました。

2 「MO教材アセスメント2013年度版」(複写可)

【シート1】…相手の働きかけに応じて物をつかんだり,放したりする段階

課題の写真	評価
	1　お盆に置かれた筒を取る
	2　手渡された玉を容器の上で放す
	3　棒に通された筒を抜き取る
	4　手渡された玉を穴に入れる
	5　お盆に置いてある玉を取り,筒に入れる

【シート2】…運動的なヒント(枠)を手掛かりに,比較・弁別・選択・分類する段階	
課題の写真	評価
	6　3つの穴に3個の玉を1個ずつ入れる
	7　3つの穴に3本の棒を1本ずつさす
	8　10個の穴に10本の棒を1本ずつさす
	9　大きさを弁別して型をはめる
	10　形を弁別して型をはめる

【シート3】…視覚的ヒント（見本）を見て答えを出す段階

課題の写真	評価
	11　色カードをマッチングする
	12　絵カードをマッチングする
	13　同じ物同士を同じ箱に入れる
	14　同じ概念の物同士を同じ箱に入れる
	15　2分割された絵カードを構成する

第2章　発達チェックのためのアセスメント　15

【シート４】…見本を見て配列したり，順序や表に関する約束が理解できたりする段階

課題の写真	評価
	16　見本（ブロック）と同じ数だけブロックを置く
	17　見本（シール）と同じ数だけタイルを置く
	18　端から順番に置いた後，１つずつ順番に指さす
	19　形と色のマトリクス
	20　三角形４つを四角い枠に入れる

3 各シートの分かれ目

(1) シート1とそれ以前の分かれ目は

シート1とそれ以前の分かれ目は定型発達児の発達年齢でいうとおおよそ6カ月頃になります。

ここでのポイントは「<u>自分から</u>物に向かって手を伸ばしているかどうか」です。

「筒を取る」という行動であっても、「教師が子どもの手元付近に筒を近づけている状態で、子どもが筒を取る」のと、「筒がお盆（あるいはお盆がなくても、机上）に置いてある状態で、子どもが自力で手を伸ばして筒を取る」のでは大きな違いがあります。

6カ月頃の乳児では、おそらく近くに呈示された物ならば全てに手を伸ばすと思います。しかし、同じような発達年齢を示していたとしても、生活経験を重ねている知的障害のある子どもは、全ての物に手を伸ばすわけではないようです。そこに「自分の好みの物」「自分の好みでないもの」の違いが出てくるようです。当然「筒」に興味がある子どももいれば、「筒」に興味がない子どももいます。シート1の 1 お盆に置かれた筒を取る では、「筒」としましたが、これは「玉」でも「ブロック」でも「鈴」でも「玩具」でもよいので、色々なものを使って学習してみるとよいです。そして、そこで「**興味のいかんにかかわらず**」呈示された物に手を伸ばしたのかどうかをポイントにします。

なぜ、「**興味のいかんにかかわらず**」なのかというと、この点が「**相手の問いかけに応じて**」という要素と関係してくるからです。そして、これ以降シート1、シート2、シート3、シート4と学習が高次元になっていったとしても、「**相手の問いかけに応じて**」という要素は共通してくるからです。

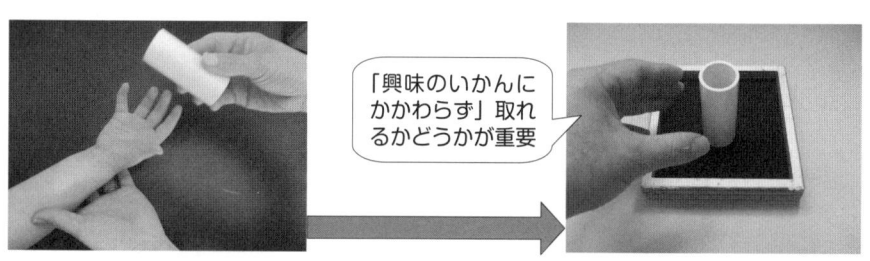

手に握らせてもらう　　　　　　　　　　自分から手を伸ばす

(2) シート1とシート2の分かれ目は

シート1とシート2の分かれ目は定型発達児の発達年齢でいうとおおよそ1歳頃になります。シート1とシート2の違いのポイントは「①　行動の繰り返し」と「②　認識できる空間の広がり」です。

① 行動の繰り返し

シート1の最後の課題 5　お盆に置いてある玉を取り，筒に入れる で取り扱う物（この場合は玉ですが）の数は1つです。一方，シート2の 6　3つの穴に3個の玉を1個ずつ入れる 課題で取り扱う物の数は3つです。課題が提示された時点で，「3つある」という意識が持てなければ，玉を1個入れた時点で行動が途切れて，2個目の玉をつかもうとしないかもしれません。そこで教師に促されれば玉が残っていることに気付き，行動を繰り返すことができる子どもは多いかもしれませんが，ここでは，教師に促されなくても自力で行動を繰り返すことができるかをポイントにします。

途中で教師の促しがなくても，行動が繰り返せるようになるということは，課題が呈示された時点での見通しが少し持てるようになっていると言えます。

② 認識できる空間の広がり

シート1の最後の課題 5　お盆に置いてある玉を取り，筒に入れる では穴の数は1つです。一方，シート2の 6　3つの穴に3個の玉を1個ずつ入れる では穴の数は3つです。「1つの穴」では，子どもの視線は「玉」と「穴」を行ったり来たりします。単純な往復運動で済むのです。しかしながら横に並んだ3つの点に1つずつ入れるとなるとそうはいきません。2個目の玉を入れる時に「さっき入れた穴は，もう埋まっているから，その隣にしよう」と思って横の穴に視線を移す必要が生じるのです。

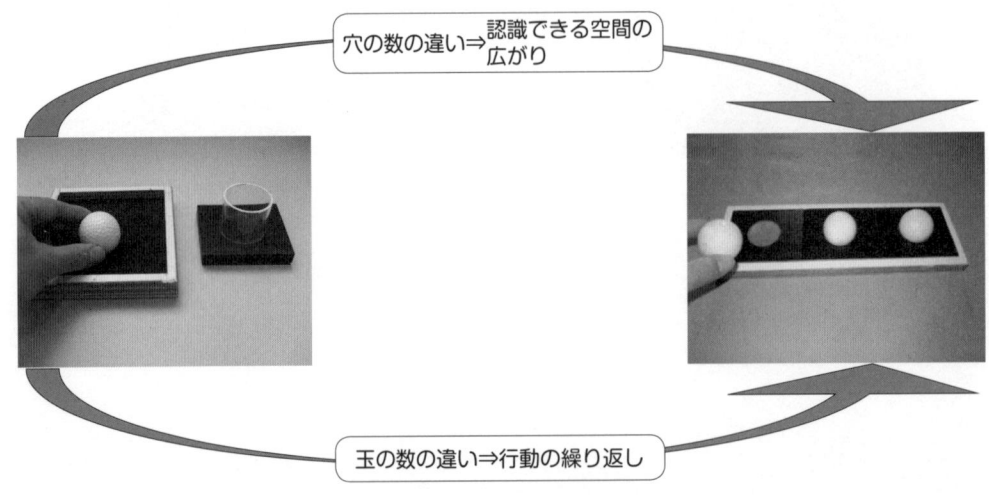

(3) シート2とシート3の分かれ目は

　シート2とシート3の分かれ目は定型発達児の発達年齢でいうとおおよそ2歳頃になります。

　2歳という年齢（もっといえば1歳9カ月～2歳の間）は発達上とても「伸びる」時期です。言葉に関して言えば，「語彙爆発」と呼ばれる時期で，この時期の幼児は他の時期とは比べものにならないほどたくさんの言葉を獲得します。また，この頃から，「魔の2歳」「いやいや期」とも呼ばれる「第1次反抗期」にも入っていきます。私はこの書を執筆している時に，第3子（長男）がちょうど2歳を迎えていました。「男の子は女の子に比べて言葉が遅い」とよく言われますが，確かにわが子も例にもれず，長女，次女に比べて言葉は遅かったです。それでも1歳後半から2歳にかけて，たくさん言葉をしゃべるようになりました。それ以前は，言葉の掛け合いで遊ぶことはできても，「会話」という感じではありませんでした。しかし2歳を過ぎると「今日は何したの？」「今日は何を食べたの？」といった質問にも正確ではないながらも単語レベルで答えられるようになり，「会話が成立しているなぁ」という実感がわく時期でした。

　この頃の学習課題つまり，シート2とシート3の違いのポイントは，「**運動的手掛かりによる判断から視覚的手掛かりによる判断へ**」ということです。

　シート2の最後の課題 10 形を弁別して型をはめる は「はめ板」方式になっており，○の型は，△の溝，□の溝には入りません。同様に△の型は，○の溝，□の溝には入らず，□の型は，○の溝，△の溝には入りません。したがって，○の型を□の溝に持っていったとしても，入れようとして入らないので「違った」ということが分かりやすいです。**運動的な手掛かり（物理的な条件）**が「同じ」なのか「違う」のかを指し示してくれます。一方，シート3の 11 色カードをマッチングする ではそうはいきません。赤のプレートは青い枠にも，黄色い枠にも入ってしまいます。同様に，青いプレートも赤い枠，黄色い枠に入るし，黄色いプレートは赤い枠にも青い枠にも入ります。「同じ」なのか「違う」のかを**視覚的**に判断しなくてはなりません。それだけ「やってみてから判断する」という要素が薄くなり，「事前に判断する」という要素が強くなっていきます。「**事前の見通し**」がより必要になってくるのです。

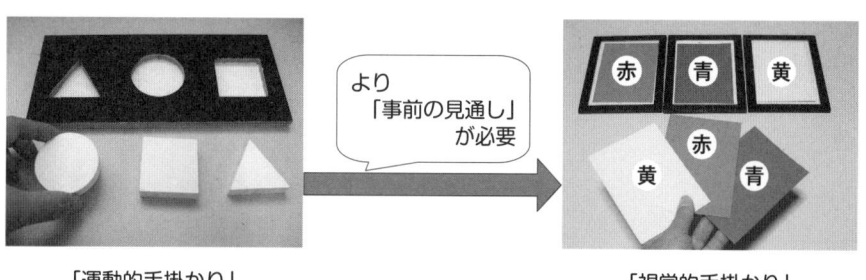

「運動的手掛かり」　　　　　　　「視覚的手掛かり」

より「事前の見通し」が必要

⑷　シート３とシート４の分かれ目は

　シート３とシート４の分かれ目は定型発達児の発達年齢でいうとおおよそ３歳頃になります。シート３とシート４の違いのポイントは「見本呈示がより複雑になり，見本次第で答えが変わってくる」ということです。

　例えばシート３の 11　色カードをマッチングする では，「同じカードの上に置く」ということが求められていますが，この課題をクリアできる子どもならば，教師が「同じカードの上に置いてください」と言葉に出して指示しなくても，その呈示状況を見ただけで，同じカードの上に重ねられます。

　少し「意地悪」ですが，この呈示状況で教師が「違うカードの上に重ねてください」と指示を出したとしても言語理解が３歳前後の子どもでは，その言葉は受け入れず，呈示状況を見て判断し，同じカードの上に重ねるでしょう。言語理解が４歳，５歳と進む中で，このような「意地悪」な課題呈示にも対応できるようになります。

　さらに，これと同じことを 15　２分割された絵カードを構成する 課題で考えてみます。この呈示状況下で，「絵を完成させてないでください」という指示を出したとすると，それはさらに意地悪になります。この状況下であれば，たとえ教師でも，「指示の仕方を間違えたのではないか？」と考えて，絵を完成させるかもしれません。

　ここで「意地悪」と書きましたが，シート３は言葉の指示がなくても，呈示状況が何をすべきなのか指示しているので，そこであえてその呈示状況に反するような指示を出すことを「意地悪」と記しました。

　一方，シート４の 16　見本（ブロック）と同じ数だけブロックを置く になると状況は変わってきます。ここでは，見本として３個のブロックを示す形にしていますが，見本が１つならば答えは「１つ」，見本が２つならば答えが「２つ」です。見本が呈示されてみないとその答え方が分からないのです。この課題をクリアできない子どもの多くが，見本呈示を受け入れずに，すべてのブロックを枠に入れてしまいます。

　この課題は「枠があるから，ブロックを全部入れたくなる」状況とも言えるのです。自分が最初にそのように判断したとしても，見本で求められていることが，「３つ」だから，それに合わせて，行動できることが求められるのです。

4 「MO教材アセスメント簡易評価表」（複写可）

氏名（　　　　　）　障害名（　　　　　）　年齢（　　歳　　カ月）

シート1の教材に取り組む段階
↑×の場合

教材	評価	子どもの様子

↓○の場合

シート2の教材に取り組む段階
↑×の場合

教材	評価	子どもの様子
	赤　（　） 青　（　） 黄　（　）	
	スプーン（　） フォーク（　） 箸　　　（　）	

↓全て○の場合

シート3の教材に取り組む段階
↑×の場合

教材	評価	子どもの様子

↓○の場合

シート4の教材に取り組む段階

第2章　発達チェックのためのアセスメント

第3章 指導の実践と教材の工夫例

§1 「玄関」での工夫

 1 玄関での「靴の脱ぎ履き」について

　朝，学校に登校して，まず行う行為（課題）が玄関での「靴の脱ぎ履き」かと思います。朝の玄関は，混んでいる場合もあります。混んでいても自分の靴箱にすんなりと近づき，その場所で立ったままスムーズに脱ぎ履きができればよいのですが，シート2の子どもや，シート1の子どもだとそう上手くいかないことが多いです。

　そんな時に，まず，考えるのが「どの場所で靴の脱ぎ履きをするのか？」「どんな姿勢で脱ぎ履きをするのか？」です。自分の靴箱の前が常に空いていて，その近くに常に椅子を置いておければよいのですが，みんなで使う玄関では，そうはいかない場合も多いです。そんな時は，自分の靴箱から少し離れた，空いている場所に常に椅子を置いておき，そこで脱ぎ履きをする工夫も必要になります。

　また，「靴の脱ぎ履き」には「外靴を脱ぐ」「上履きを靴箱から出す」「外靴を自分の靴箱に入れる」「上履きを履く」という一連の行動を続けて行う必要があります。これらの行動を続けて行うことが難しい場合は，どの行動に重点を置くのかを考え，行動の一部分だけを取り出し，重点的に取り組むことも大切です。

　「上履きを靴箱から出す」という行為だけでも，さらに細かく分析すると「①自分の上履きを見る（探し当てる），②自分の上履きの位置に行く，③上履きに手を伸ばす，④上履きを持つ（この際に左右両方を持つ必要が生じる），⑤床に上履きを置く」といった行動を連続して行います。

　さらに「外靴を脱ぐ」際に，「座って脱ぐのか？」それとも「立って脱ぐのか？」，「手を使って脱ぐのか？」それとも「足だけで脱ぐのか？」，「マジックテープ式の靴なのか？」それとも「紐式の靴なのか？」等色々なバリエーションが考えられます。これらを組み合わせていけば，「靴の脱ぎ履き」といっても，1通りの方法ではなく，何十通りも，あるいは何百通りも方法が考えられます。大切なのは，数あるバリエーションの中から，子どもの今の実態に適した方法を見つけ出すことです。

2 【シート3】の子どもに対しての工夫

事例 1　自分の場所と友達の場所の区別がつきにくい子どものために（その1）

　「平仮名文字と絵カードのマッチング」課題はできないけれど，シート3の<u>14　同じ概念の物同士を同じ箱に入れる</u>課題ならばできる子どもがいました。

　改めて考えてみると，木製のスプーンとステンレス製のスプーンとプラスチック製のスプーンは，見た目が全く同じではありませんが，似ている形をしています。それを使用した経験と重ね合わせて，「同じ」と判断することはこの子どもにとっては割合簡単でした。しかし，文字と絵カードは形も，色も，大きさも何をとっても似ているものはありません。おまけに文字は「線で構成された記号」です。線の交わりや角度の違いなどが違うと表わす内容が違ってきます。その詳細を区別することも難しかったです。この子どもにとって文字は「意味を表すもの」ではなく，単に「線分の集まり」だったようです。

◎ 学習課題…文字は分からないけれど，写真や絵なら分かる子どもならば

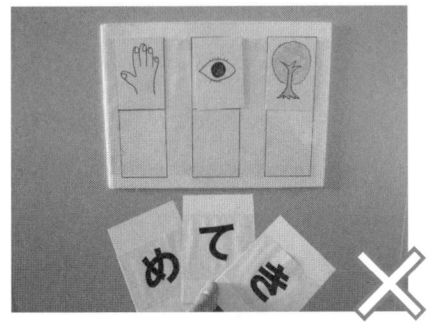

絵（イラスト）で自分の場所を区別　　　　写真で自分の場所を区別

　イラストの場合，子どもの知っている絵や好きなものの絵を「自分」を表すマークとして用います。靴箱だけでなく，他のものでもシンボルマークとして使うと理解がしやすかったです。

事例 2　自分の場所と友達の場所の区別がつきにくい子どものために（その2）

　シート3の12　絵カードをマッチングする課題はできないけれど，シート3の11　色カードをマッチングする課題はできる子どもがいました。この子どもは，色付きのイラストカードであっても同じカード同士を重ねることは難しかったです。しかしながら色だけならば，同じカード同士を重ねることができました。

　目で見て判断する際に，線や色が複雑に入り組んでいる絵カードよりも，シンプルに1色で塗ってある色カードの方が「同じ」「違い」に気付きやすかったようです。

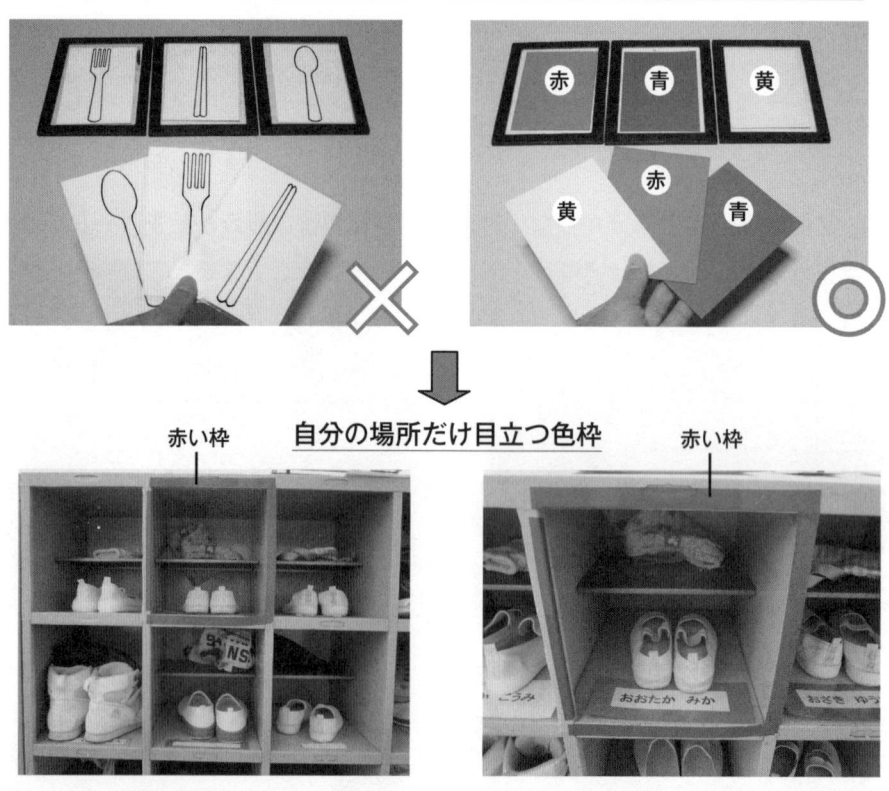

　靴箱では，常に自分の周囲の場所が靴（上履き）で埋まっていて，自分の靴箱だけが空いている状態ならばよいのですが，そう上手くはいきません。隣の場所が空いている場合は，そこに入れてしまうこともありました。そこで，自分の靴箱の位置を意識させるために靴箱の縁をビニールテープで囲い，自分の靴箱の場所が，他の友達の場所よりも目立つように工夫しました。それにより自分の位置を探し出すことができるようになりました。

3 【シート2】の子どもに対しての工夫

事例 3　靴の左右を間違えて履いてしまう子どものために

　シート3の 11　色カードをマッチングする 課題はできないけれど，シート2の 10　形を弁別して型をはめる 課題はできる子どもがいました。「色の弁別」では赤い板が青い箱にも，黄色い箱にも入ってしまいます。しかしながら「形の弁別」では○型は□の溝や△の溝には入りません（入らないように教材を作ってあります）。最初は○型を□の溝や△の溝にも入れようとすることもありましたが，2，3回学習を繰り返すと違うことに気付いたようで，○の溝に入れることができるようになりました。

❀ **学習課題…色カードのマッチングは難しいけれど，形のはめ板ならできる子どもならば**

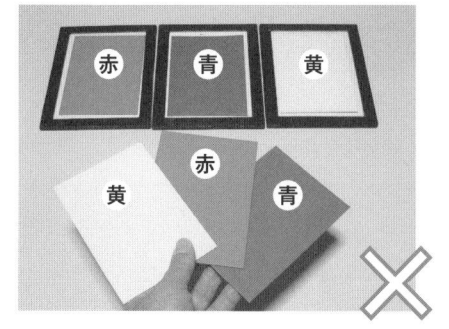
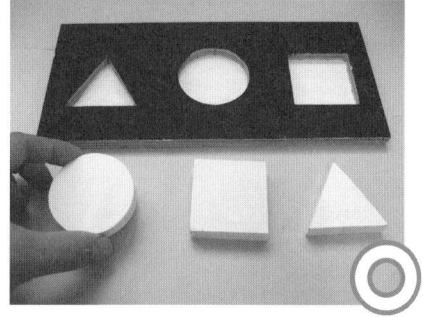

靴がピッタリ収まる型枠

　この子どもは左右の理解も難しく，左右を逆に履くことが頻繁にありました。靴箱に上履きを戻す時に左右がひっくり返ってしまうことが多かったからです。そこで，上履きがピッタリと納まるサイズの木枠を用意しました。これにより靴箱に上履きを戻す時に左右が逆になることが減り，次の朝に登校した時に，逆に履くことが減りました。

4 【シート1】の子どもに対しての工夫

事例 4 靴箱の枠内に靴を入れることが難しい子どものために（その1）

　シート2の 7 3つの穴に3本の棒を1本ずつさす 課題は難しいけれど，シート1の 5 お盆に置いてある玉を取り，筒に入れる 課題はできる子どもがいました。この子どもは，玉と棒の違いにひっかかっていました。つまり，玉だと，筒付近で放せば入りますが，棒は穴付近で方向調節をして押し込む必要があるからです。

❀ 学習課題…棒さしは難しいけれど，玉入れならできる子どもならば

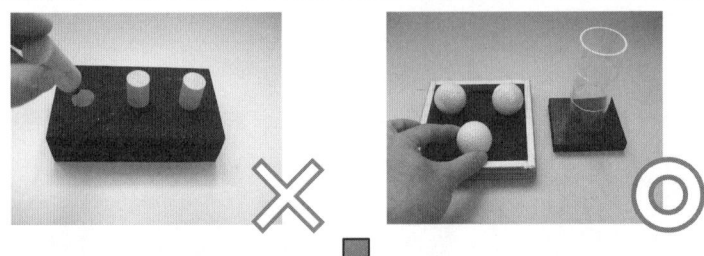

靴置きトレーがあるだけで

　この子どもは，片方の靴を持って靴箱の手前までは持っていけますが，枠の中に入れ込むことが難しく，靴箱の少し手前で放してしまうため靴が床に落ちてしまうことも多かったです。
　そこで，トレーを用意し，そのトレーの上に靴を置くようにしました。それにより，靴が床に落ちることはなくなりました。ただし左右の靴を重ねて置いてしまうことはありました。

1つずつ靴を置く

　そこで，トレーを2つの部屋に分け，左と右の靴を1つずつ入れていく課題にすると上手くいきました。

| 事例 5 | 靴箱の枠内に靴を入れることが難しい子どものために（その2） |

シート1の 4 手渡された玉を穴に入れる 課題は難しかったけれど，シート1の 2 手渡された玉を容器の上で放す 課題はできる子どもがいました。

これらの課題の違いは入れるべき穴の大きさです。「玉にピッタリのサイズなのか？」「玉よりも大きいものなのか？」により入れやすさが大きく変わります。前者は穴に「入れよう！」という意識が後者よりも高くなければなりません。後者は「玉を穴に入れよう」というよりもむしろ「玉を先生に持たされたけれども，私はいらないから捨てる（手放す）！」という意識なのかもしれません。

「入れる」ことは難しいけれど，「放す」ことならできる子どもならば

トレーを箱にするだけで

　この子どもは，靴置きトレーを用意しても，上手くトレーの上に靴を置くことができませんでした。そこで箱型にして縁の部分を高くしました。トレーだと「靴を上に置く」という意識ですが，箱だと「箱の上で持っている靴を放す」という意識で入るからです。縁が高くなるだけで，「放す」という行動が誘発されやすくなりました。

第3章　指導の実践と教材の工夫例　27

さらに，この子どもの学習課題を詳しく見ていくと，容器の上で，手渡された玉を入れることはできましたが，お盆に置かれた玉に自分で手を伸ばしてつかみ取った上で容器に入れることが難しかったです。一方で，リング（セロハンテープの芯）を立てて呈示すれば，つかむことができました。

つかみやすさが重要

お盆に置かれている玉を呈示されると　✕

リングを立てた状態で呈示されると　◎

洗濯ばさみで1つにして

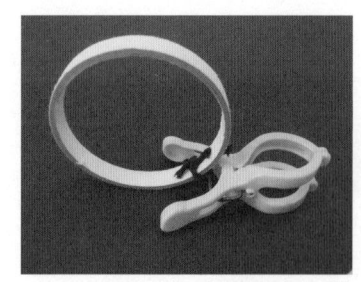

洗濯ばさみとリング（セロハンテープの芯）を紐で結び付けたものを活用

　自分で靴を持つように促すと，靴に手を伸ばすものの，靴のどの部分を持てばよいのか分からず，結局上手く持つことができませんでした。そこで，靴の左右を洗濯ばさみではさみ，1つにまとめ，持ち手のリングを持つようにしました。すると，持つべき場所がはっきりしたので，靴を持ち上げることができました。

§2 「荷物整理」での工夫

1 「荷物整理」のバリエーション

　教室に入り，最初に「荷物整理」を行っている学級は多いかと思います。もちろん，絶対，最初に「荷物整理」を行わなくてはいけないわけではありません。状況によっては，「係の仕事」や「着替え」「朝の会」等を先に行う場合もあるでしょう。どのような順番を取るにしても，大切なことは，決まった流れで毎朝の活動を行い，生活のリズムを作ることです。

　「荷物整理」は，教室の環境設定と関わってきます。そのやり方によって教室のレイアウトが変わってきます。「連絡帳や手紙ケース，手拭きタオルなどはクラス全員が同じかごに入れ，水筒や給食袋，着替え，かばん等は自分のロッカーに入れる」などが1つの例です。

　私が色々な教室を見せていただいた経験の中では，まず，それぞれの荷物をどこの場所に置くのかがポイントになっていました。自分の机の近くに置くのか？教卓の近くに置くのか？水道の近くに置くのか？ロッカーに入れるのか？などです。そして，次にポイントになっていたのが，荷物を指定の場所に持って行った際に，クラス全員分をひとまとめにするのか，それとも個々で分けるのかです。連絡帳はクラスで1つにまとめてよいけれど，手拭きタオルは自分の写真のフックに掛けるなどです。これらをどのように定めていくかで，教室環境や子どもの動線が違ってくるように感じました。「荷物整理」をどのように行うかは，子どもの実態に合わせて，ねらいを設定し，状況を工夫していくことが大切だと考えます。

〇年〇組の「荷物整理」の例

```
連絡帳     …教卓の上に出す。クラスで1つのかごに出す。
手紙ケース  …教卓の上に出す。自分の顔写真の貼られた手紙立てに立てる。
水筒       …自分のロッカーの上に置いておく。
給食袋（口拭きタオル・エプロン）…自分の机の中に入れる。
手拭きタオル…水道近くのフックに掛ける。
歯ブラシ    …水道近くの歯ブラシ立てに立てる。空いている場所ならどこに置いてもよい。
コップ     …水道近くに置かれたかごに入れる。空いている場所ならどこに置いてもよい。
着替え     …自分のロッカーの中のかごに入れる。
ジャンパー  …ハンガーに掛けた上で，ハンガーラックに掛ける。自分のハンガーを使う。
かばん     …自分のロッカーの中に入れる。
```

それぞれの用途に近い置き場所 ― クラス全員分をまとめる

「手拭きタオルは水道近くのフック」，「連絡帳は教卓の上」，「給食セット（エプロン，口拭きタオル等）は給食台の下のかご」などそれぞれの用途に合わせて，使用しやすい場所に置く。それぞれの場所で，誰がどこに置くのかは定めず，クラス全員分をまとめて置く。

  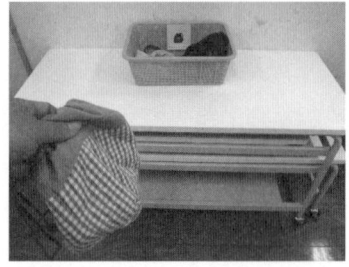

長所…物の用途と結び付きやすい場所に置くことで，荷物整理に見通しが持てる。
短所…荷物整理をする際に，移動が多くなるため，他の物が気になったり，移動している最中に，何を行うべきだったのか忘れてしまったりする場合がある。

それぞれの用途に近い置き場所 ― 個々の場所で分ける

「手拭きタオルは水道脇のフック」，「連絡帳は教卓の上」，「給食セット（エプロン，口拭きタオル等）は給食台の下のかご」などそれぞれの用途に合わせて，置く場所を変える。それぞれの場所で，自分の場所を定め，そこに置く。

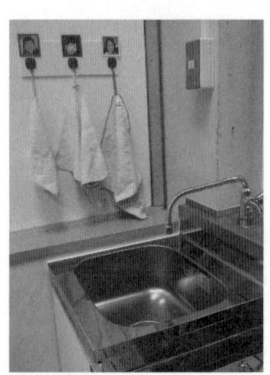  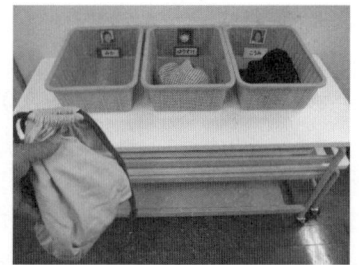

長所…荷物整理は大変だが，使用する時に友達の物と間違えにくい。
短所…荷物を持って移動していった先で，自分のスペースを探し出さなくてはいけない。

教室の1カ所にまとめる ― 個々のロッカーに荷物を整理

個々のロッカーを自分の机の近くに置けると、移動をせずに荷物整理ができます。

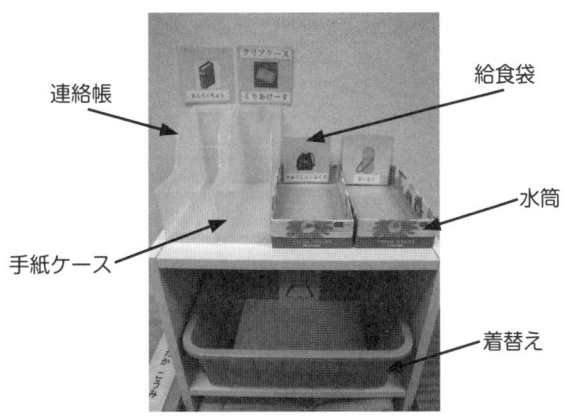

長所…移動をほとんどしなくて済む。
短所…クラスで一括したいもの（連絡帳など）に関しては、再び集める必要が生じる。

教室の1カ所にまとめる ― クラス全員分をまとめて荷物整理

長テーブルやロッカーの上などを活用し、荷物を置くスペースを作ります。

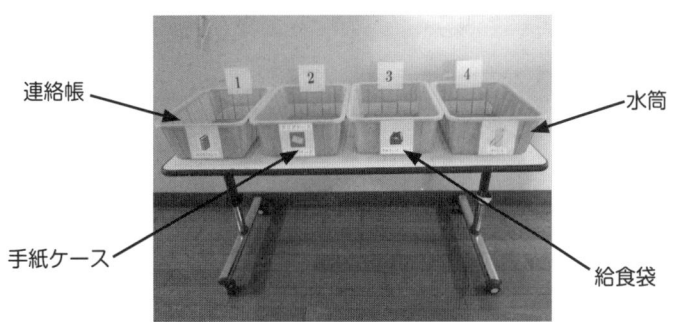

長所…・出すべき荷物には何があるのか？何種類あるのかが一目で分かりやすい。
　　　・出しに行く時に移動の動線が交錯しない（ただし、みんなが同じ場所に出しに行くので混み合うことがある）。
　　　・移動距離を短くできる。
短所…実際に活用する際、その用途からは遠い場所になってしまう（手拭きタオルが水道から遠い場所になってしまうなど）。

2 【シート４】の子どもに対する支援

　シート４の子どもは文字で判断することは難しくても絵カードや写真カード付きの手順表があると理解ができるので，それらを最大限活用していくのがよいです。

事例　1　荷物整理の途中で他のことが気になってしまう子どものために

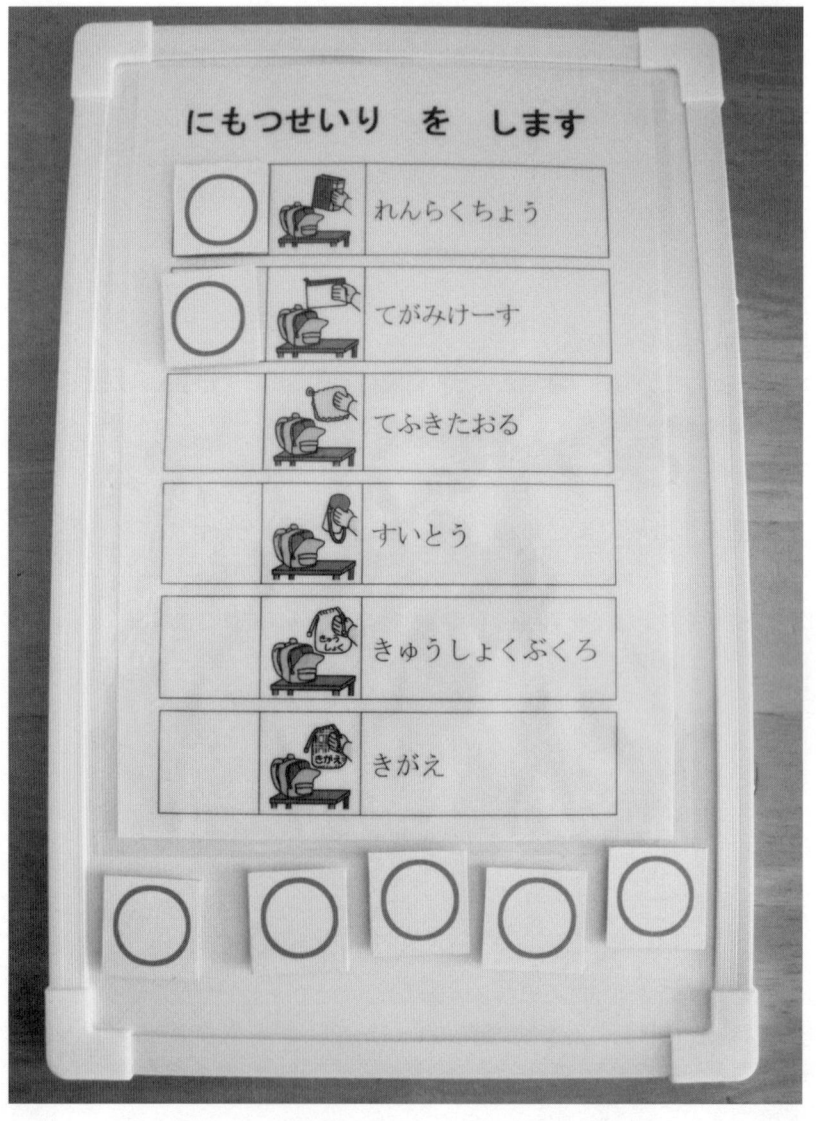

　友達の様子が気になってしまい，荷物整理が進まない子どもがいました。その子どもに手順表を用意し，視覚的に荷物整理が「まだの物」と，「済んだ物」が分かるようにしました。その結果，早く「○印」を付けたくて，気を散らさずに荷物整理ができるようになりました。

3 【シート3】の子どもに対する支援

シート3の子どもの中には，全く同じ物同士ならマッチングができても，絵カードと実物を同じとみなすことができない子どももいます。そのような子どもに対しては，見本として「絵カード」でなく「実物」を使うことも有効です。

事例 2 実物同士なら「同じ」と理解できる子どものために

シート3 12 絵カードをマッチングする課題をさらに掘り下げていくと，「実物」同士ならば「同じ」と判断できても，「絵カード」と「実物」を同じと判断することができない子どもがいました。

❀ 学習課題…「実物」同士を「同じ」と判断することができる子どもならば

 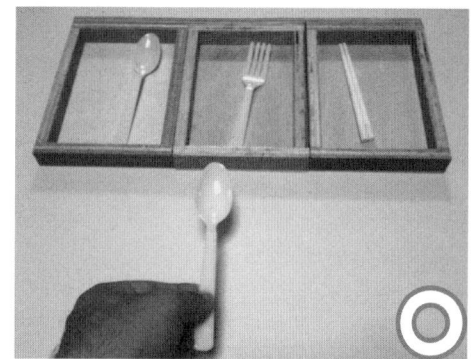

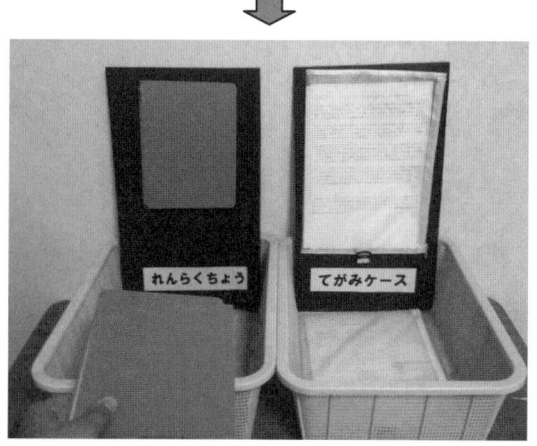

子どもたちが使っている「連絡帳」や「手紙ケース」をもう1セット用意し，荷物整理するかごに「見本」として貼り付けました。

4 【シート２】の子どもに対する支援

　シート２の子どもに関しては，写真カードや絵カードを理解することが難しいため，「入るか」「入らないか」といった運動的な手掛かりを用意した環境を設定することが大切です。

事例 3　写真や絵で示された荷物を入れることが難しい子どものために

　シート３の 11　色カードをマッチングする 課題・ 12　絵カードをマッチングする 課題はできないけれど，シート２の 10　形を弁別して型をはめる 課題はできる子どもがいました。この子どもは，「入るか，入らないか」の運動的手掛かりがとても重要でした。

❀学習課題…絵・色カードのマッチングはできないけれど，形のはめ板ならばできる子どもならば

 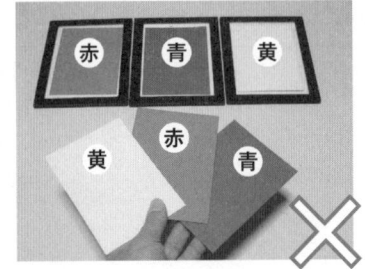 

手紙ケースは細長い溝，連絡帳は四角い箱，水筒は丸い穴

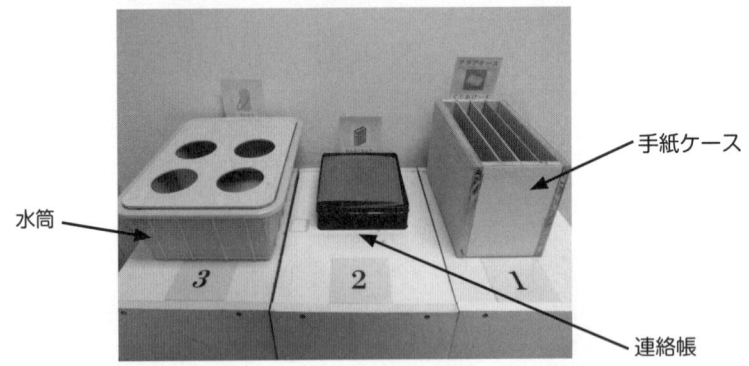

　この段階の子どもは「カードに描かれている絵や写っている写真」の理解が難しいために「連絡帳」「手紙ケース」「水筒」の絵カードを示しただけでは，入れる位置があべこべになってしまうことも多かったです。そこで，ここでも「物理的に入るか」「物理的に入らないか」が判断できるようにしました。そのために，手紙ケース（A４サイズ）は立てて細長い溝に入れるようにし，連絡帳（B５サイズ）は表紙を前に向けて，ピッタリおさまるサイズの缶（お菓子の空き缶）に，水筒は，板を丸くくりぬいて穴を作るようにと，全ての形を変えました。

| 事例 4 | 友達の場所と自分の場所を写真で区別することが難しい子どものために |

　シート2の 9　大きさを弁別して型をはめる 課題に取り組む際，小さい方の型を先に持つと，小さい方の溝だけでなく大きい方の溝にも入ってしまいます。小さい型を大きい溝に入れたら「ゆるいから違う！」と気付いて，小さい溝に入れ直すことができればよいのですが，それが難しい子どももいます。そんな時は，大きい型から先に持つように促します。大きい型を小さい溝に持っていったとしても物理的に入りません。物理的に入らないので，大きい溝に入れ直すことができます。

◎ 学習課題…小さい型を先に持つとできないけれど，大きい型を先に持てばできる子どもならば

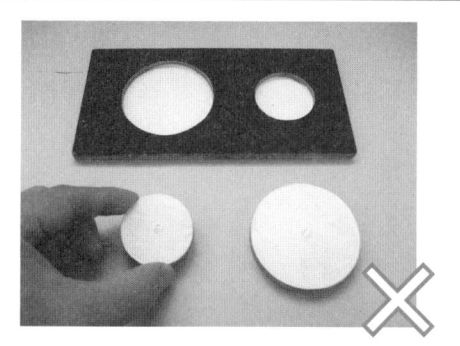

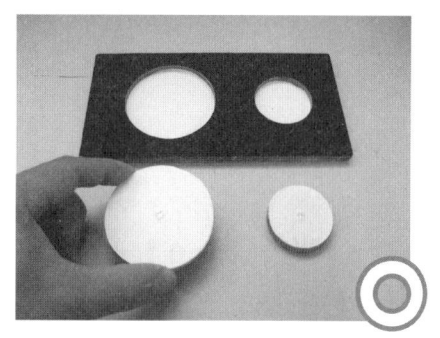

友達よりも大きいかご・大きいロッカー

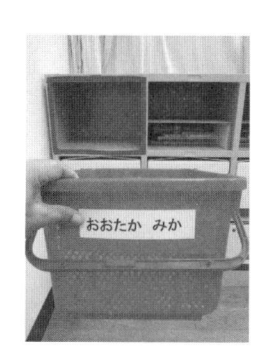

　このような学習実態の子どもに対しては，荷物整理をする際に「物理的に入る場所」と「物理的に入らない場所」を作ると上手くいきます。自分の荷物を入れたかごをロッカーにしまう場合，かごが同じ大きさだと，友達のロッカーにも入ってしまいます。常に友達のロッカーにはかごが入っていて，自分のロッカーだけが空いている状態ならばよいのですが，クラスみんなで同時に動いているため，そういう訳にもいきません。そんな時，他のクラスメイトのかごを小さくして，ロッカーに仕切りを設けました。その結果，相対的に自分のかごが大きくなり，他の友達のロッカーに自分のかごが物理的に入らなくなりました。

他の友達より小さいフック

自分の場所だけ掛けやすい 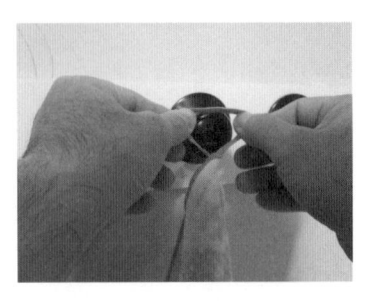　　　大きいフックには掛けにくい 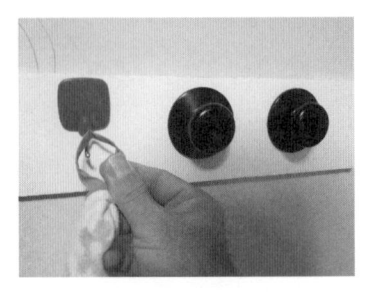　　　小さいフックなら掛けやすい

　ロッカーのかごと同様に，手拭きタオルをフックに掛ける場合，タオル掛け付近に持っていくことはできても，自分の場所には掛けられず，友達の場所に掛けてしまうこともしばしば見られます。そんな時も同様に，大きさや形の違いを利用して「入る場所」と「入らない場所」を用意し，物理的に入るかどうかで判断を促す工夫をしました。上記の写真は他の友達のフックを「なべのつまみ」に変えることで，他の友達の場所では，手拭きタオルの紐を両手で広げて掛ける必要が出てきて掛けにくくなるようにしました（ただし，この工夫はクラスの他の友達が入れにくい状況でも対応できる場合に限りますが）。

友達より大きい手紙ケース・手紙立て

友達の所には物理的に入らない 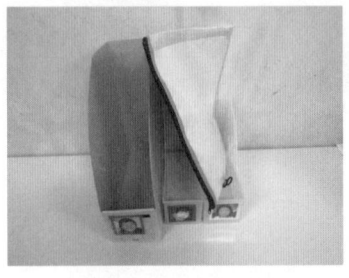　　　小さいケースには入らない 　　　大きいケースなら入る

　ロッカーのかご，手拭きタオルと同様に手紙ケースを，手紙ケース立てに立てる場合でも自分の顔写真の場所には入れられず，友達の場所に入れてしまうことが多かったです。そこで，手紙ケース自体を友達よりもひと回り大きいケースにしました（友達がＢ５サイズだけれど，この子どもだけはＡ４サイズ）。それと同時に，手紙立てもそれぞれの手紙ケースに合うサイズのものにしました。

5 【シート1】の子どもに対する支援

シート1のレベルの子どもは，一連の活動を全て，続けて，自力で行うことが難しい場合が多いです。そんな時は「どの行動に重点を置くのか」を絞り，重点とした行動は自力で行えるようにし，自力での連続行動につなげていきます。シート1のレベルの子どもができる課題は何かというと，「入れる」「出す」という行動です。「荷物整理」で言えば，「かばんから自分の持ち物を出す」「自分の持ち物を決められた場所に持っていく」「決められた場所でかごに入れたり（フックに掛けたり，先生に手渡したりなど）する」などが考えられます。最初は，活動の多くの部分を，教員が手を取って，「一緒に」行うことになるかもしれません。そんな時，無意識のうちに，全ての行動で手を取ってしまっていることも少なくありません。そこは大人が意識して，それぞれの子どものポイントとする課題を意識し，「ここだけは！自力で！」という気持ちを持って，支援することが大切です。

事例 5 荷物を手に取って持ち上げられない子どものために

落として入れる

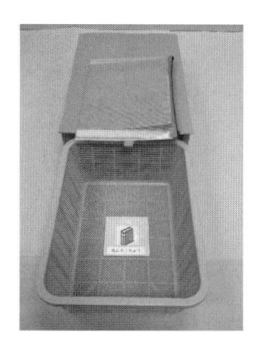

かごと高さが同じ箱を用意し，その上に連絡帳を置くようにします。

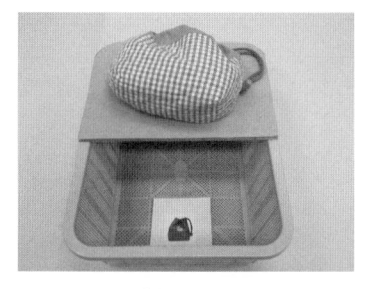

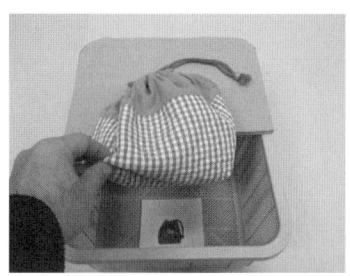

かごが半分隠れる大きさのダンボール板を用意し，かごの縁に載せ，給食袋を置きます。

この子どもは，机上に置かれた物を手に取り，かごに入れることが難しかったです。そこで，教師が持ち物を手に持たせ，かごに入れるように促しました。しかし，手に持たせても，すぐに真下に落としてしまいます。そこで，かごの上部に縁を付け，縁に連絡帳（手紙用のクリアーケースに入った）や給食袋を教師が置き，子どもは，荷物を引っ張り落とすようにしました。

事例 6 荷物（連絡帳・給食袋）に手が伸びない子どものために（その1）

見える部分を少なくする

段ボール箱を用意します。かごの高さと同じ位置に印を付け，連絡帳（手紙用のクリアーケースに入った）が出てくるサイズの穴（長方形）を開けます。その穴に教師が連絡帳を差し込んで子どもに呈示します。

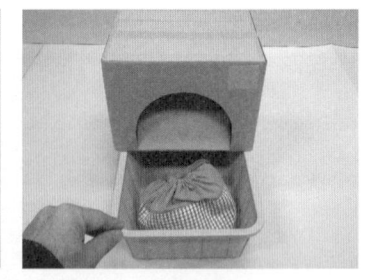

段ボール箱を用意します。給食袋が出てくるくらいの大きさの穴を開けます。その段ボール箱をかごの縁の上に載せ，給食袋を教師が穴に入れて子どもに呈示します。

　この子どもは，前項に記載した「荷物を引っ張り落とす」形式では，提示された荷物（連絡帳・給食袋）に気が向かず，手を伸ばすことが難しかったです。そこで，段ボール箱をくりぬき，荷物がちょうど出てくる大きさの穴を開けました。そして，その穴に荷物を入れて提示し，より背景をシンプルに見えるようにしました。これにより，荷物が目立って見えたようで，荷物に手が伸びるようになりました。

事例 7　荷物（連絡帳・給食袋）に手が伸びない子どものために（その２）

興味のある紐を引っ張る活動に変える

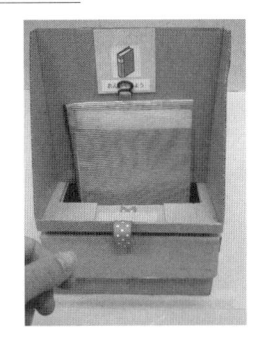

　２つの箱を使います。下の箱は連絡帳が入る大きさの溝（長方形）の穴を開けます。上の箱も同様の穴を開けます。上の箱と下の箱を貼り合わせます。その際，箱の一部（角の直線部分）だけを張り合わせるようにします。紐を引っ張れば，上の箱が立つように作ります。紐を引っ張りきって上の箱が立つと，同時に連絡帳も立てられる仕組みです。

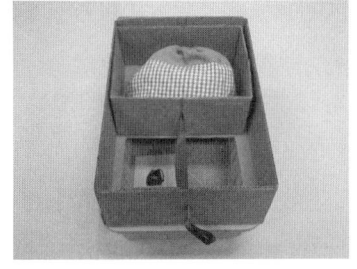

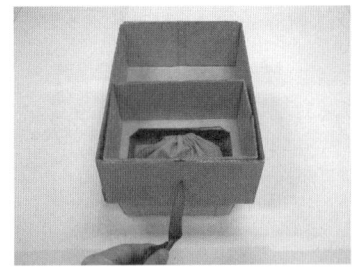

　大きさの違う２つの箱を使います。小さい箱は大きい箱の１／２サイズより少し小さくします。小さい箱の底面に穴を開けます。また，大きい箱の前方に小さい箱に開けた穴と同じサイズの穴を開け，小さい箱が手前に来た時に穴がちょうど重なるようにします。大きい箱の側面に穴を開け紐を通します。その紐を小さい箱の側面に取り付けます。紐を手前に引けば，小さい箱が前に来て，中に入れた荷物がかごに落ちます。

　この子どもは，興味の幅が限られていて，特定のものにしか手を出すことができませんでした。紐は特に好きで，紐を提示すれば手を伸ばして取ることができました。その力を利用して荷物整理をするようにしました。本人にとっては，「荷物を整理している」という意識は全くありません。むしろ「好きな紐を手に取りたいから引っ張る」という意識だと思います。

§3 「着替え」での工夫

1 「着替え」のバリエーション

(1) 「着替え」について

「着替え」は，朝起きた時，お風呂の前後，夜寝る前など，子どもが毎日必ず行う行動です。学校においては，体育の前後に着替える場合と登校後・下校前に着替える場合があるかと思いますが，いずれにしても定期的に「着替え」をする場面を設け，子どもが1人で着替えられるようになるような工夫をする必要があります。

「着替え」のスキルには様々な要素が含まれています。したがって，「着替えを1人でできるようにしたい」と言っても何をどのように指導するのかについては様々な方法があります。逆に，「着替えが1人でできない」と言っても，どの部分でつまずいているのかは様々なケースがあり，個々のケースについて，細かく分析していかなければなりません。

定型発達の子どもでは，個人差はありますが，おおよそ2歳頃になると自分で着替え始めるようになります。1歳後半頃から「**脱ぐ**」行動が芽生え始め，2歳半を過ぎると「**着る**」ことにも挑戦するようになります。しかしながら，まだこの段階では，表と裏が逆になったり，前後が逆になったりすることが頻繁に見られます。3歳～4歳くらいにかけて「**脱ぐ**」「**着る**」が1人でできるようになります。そうなると「裏表になった服をひっくり返す」，「**畳む**」といった後始末も意識できるようになります。しかしながら，上手に半分に畳めなかったり，左右対称に畳めなかったりします。

当然のことですが，「脱ぐ」ことができない子どもに「着る」ことを要求するのは難しいことですし，「脱ぐ」ことや「着る」ことができない子どもに「畳む」ことを要求するのは難しいことです。できることから積み上げていくことがよいでしょう。また，「脱ぐ」ことが全部できない子どもには，部分的に「脱ぐ」ことを課題にするのがよいと思います。

本書ではまず着脱のバリエーションを列挙し，その上で【シート4】の子どもに関しては絵カードの手順表の活用，【シート3】の子どもに対しては印の工夫，【シート2】の子どもに対して具体的な補助具の工夫，【シート1】の子どもに対しては，どの部分にポイントを置くのか，という観点に絞り，それぞれのレベルでの工夫例を紹介します。

着替えの発達

脱ぐ	⇒	着る	⇒	ひっくり返す・畳む
1歳半頃		2歳半頃		3歳～4歳頃

(2) 着替える順序

　着替えの手順（体育着に着替えることを想定して）で，上半身から先に着替える（以降「上半身先パターン」と記述）か，それとも下半身から先に着替えるか（以降「下半身先パターン」と記述）は人それぞれだと思います。また，脱ぐものを全部脱いでしまってから着るものを全て着る（以降「上半身・下半身連動タイプ」と記述）のか，それとも，上半身と下半身をそれぞれ完成させるのか（以降「上半身・下半身分離タイプ」と記述）も人それぞれだと思います。また，同じ人であっても着替える場面（自分の部屋でパジャマから着替えるのか，会社の更衣室で着替えるのか）によっても違うと思います。着替える手順としては以下の写真のような可能性が考えられます。

　どちらにも利点・欠点がありますので，絶対にこの順序が正しいという順序があるわけではありません。「上半身・下半身分離タイプ」は服を汚したり，ぬらしたりした時に，どちらか片方だけを替えることにつなげやすかったり，着替える時に下着のみにならなくて済みます。「上半身・下半身連動タイプ」は脱ぐ行動は脱ぐ行動，着る行動は着る行動で同じ行動を続けるので，全体として見通しが持ちやすいです。

上半身・下半身分離タイプ ＆ 上半身先パターン

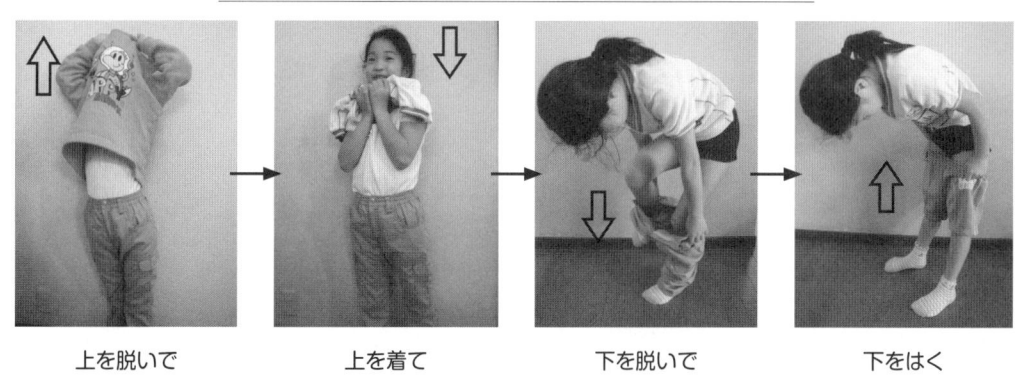

上を脱いで　→　上を着て　→　下を脱いで　→　下をはく

上半身・下半身分離タイプ ― 下半身先パターン

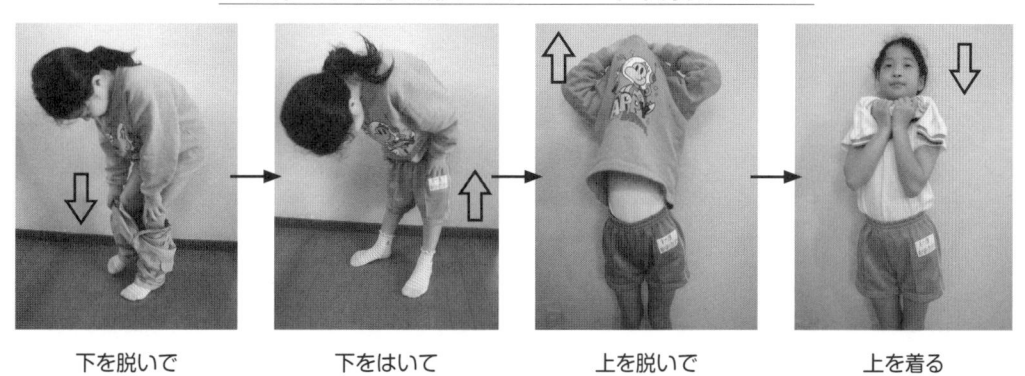

下を脱いで　→　下をはいて　→　上を脱いで　→　上を着る

上半身・下半身連動タイプ ＆ 上半身先パターン

| 上を脱いで | 下を脱いで | 下をはいて | 上を着る |

| 上を脱いで | 下を脱いで | 上を着て | 下をはく |

上半身・下半身連動タイプ ＆ 下半身先パターン

| 下を脱いで | 上を脱いで | 上を着て | 下をはく |

| 下を脱いで | 上を脱いで | 下をはいて | 上を着る |

(3) 上着の脱ぎ方，着方

　上着を脱ぐ際に，①「頭をまず先に抜き，その後に両腕を抜く」という手順で脱ぐ方法（「頭先抜きタイプ」とする），②「両腕を先に抜き，次に頭を抜く」という手順で脱ぐ方法（「腕先抜きタイプ」とする），③「裾を持ち，衣類をひっくり返しながら頭と腕を同時に抜く方法」（「裾持ちタイプ」とする），があるかと思います。着る時は，その逆になり①「頭先通しタイプ」，②「腕先通しタイプ」があるかと思います。

　これらは，どれが正しいということではないと思います。大人でも，普段は①「頭先抜きタイプ」で脱ぐ方も，汗をかいていて脱げない時は③「裾持ちタイプ」の方法に変えることもあるでしょう。また，長袖の衣類を脱ぐのか，半袖の衣類を脱ぐのかによって変えている方もいるかもしれません。

　最終的には，どの方法でもできるのがよいのですが，着替えが完全に自分1人でできない段階の子どもを指導していく際には，その子どもの状態を見て，どの方法が「お勧め」なのかを指導者側が判断していく必要があると思います。

脱ぎ方

頭先抜きタイプ 　　　　腕先抜きタイプ 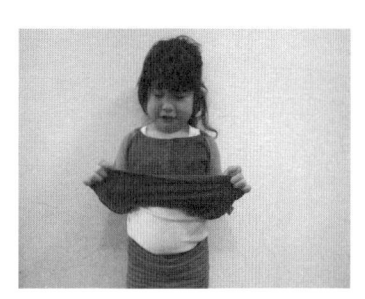　　　　裾持ちタイプ

着方

頭先通しタイプ 　　　　腕先通しタイプ

⑷ ボタンの掛け方

　ボタン付きのシャツやジャンバーのボタンなど，大人ならば多くの方が上から順番にボタンを掛けると思います。上から掛ける方が，下から掛けていくよりも服が持ち上げなくて済むために掛けやすいからです。上から下は重力に逆らいませんし，効率的とも言えます。

　しかしながら，ボタンを掛けられるようになったばかりの幼児の多くは，ボタンを下から掛けることが多いです。なぜなら，「上から掛けると見づらいために，ボタンがずれてしまうことが多いけれど，下から掛ければ見やすいためにずれることが少なくなる」からです。つまり，「掛けやすさ」を取れば上から，「ずれにくさ」を取れば下からとなります。幼児は「掛けやすさ」よりも，「ずれにくさ」を優先していると言えます。

　特別支援学校・学級で指導をしていく場合，生活年齢だけでなく，発達年齢や手指の操作性等を考慮して，どちらで指導する方がよいのか判断していく必要があるかと思います。

　　　　　　　　　　上からタイプ　　　　　　　　下からタイプ

⑸ ズボンの脱ぎ方，はき方

　ズボンを「脱ぐ」時は，上着と違い，足を抜くだけなので，「どの部位を先に抜くのか」は問題にはなりません。しかしながら，足を抜いた時に，衣類（ズボン）は体の中心部から離れていくので，手が届きにくくなります。また，立った姿勢を維持するために，足からズボンを抜く時には，どうしても片足立ちにならざるを得ません。

　「手の届きにくさ」と「片足立ち」の両方がクリアできればズボンを脱ぐことができるでしょう。しかしながら，その２点ができたとしても，ズボンが裏返しになってしまうこともあります。これらの２点ができた上で，「表を維持したまま脱ぐ」意識を持って脱ぐ必要もあります。

　これらの要素を達成していくために「手の届きにくさ」に関しては，「両足を上手く使って足を抜くのか」「手で裾部分を引っ張り，足を抜くのか」「手で裾部分を内側から押し出して抜くのか」等の脱ぎ方があるでしょう。また，「片足立ち」ができなければ，「片手で壁や手すりにつかまって脱ぐのか」「椅子に座って脱ぐのか」「床に座って脱ぐのか」等も考えられます。

		裾を足で押さえて抜く	裾を手で持ち引き抜く	裾を押し出して抜く
立位姿勢	何にもつかまらない			
立位姿勢	椅子や机につかまる			
座位姿勢	椅子に座って			
座位姿勢	床に座って			

第3章　指導の実践と教材の工夫例

(6) 畳み方

　私が特別支援学校の着替えの指導で経験してきた中では，ズボンに関しては畳み方が共通しているようですが，上着に関しては様々な畳み方をしているように感じています。

　　　　半分畳み　　　　　　　　腕折り畳み　　　　　　　ブティック畳み

2 【シート4】の子どもに対しての工夫

基本的な「着脱」はできるものの,細部ではまだ課題が残る子どももいるかと思います。そんな時,その子どものポイントとなる部分を強調した手順表があると課題達成のための支援になります。

事例 1 下着シャツが出てしまう子どもに対して

「脱ぐ」「着る」ことはできるものの,下着シャツがトレーナーの下から出てしまっている子どもがいました。その子どもは「上半身・下半身分離タイプ」の上半身先パターンで着替えていました。その順序だと,下着シャツをズボンに入れる時は,すでにトレーナーを着てしまっているので,下着シャツとトレーナーが重なってしまいズボンの中に入れにくかったです。そこで,「上半身・下半身分離タイプ」の下半身先パターンに着替える順序に変更するために,手順表を用いました。特に,「シャツを入れる」を強調した手順表にしました。

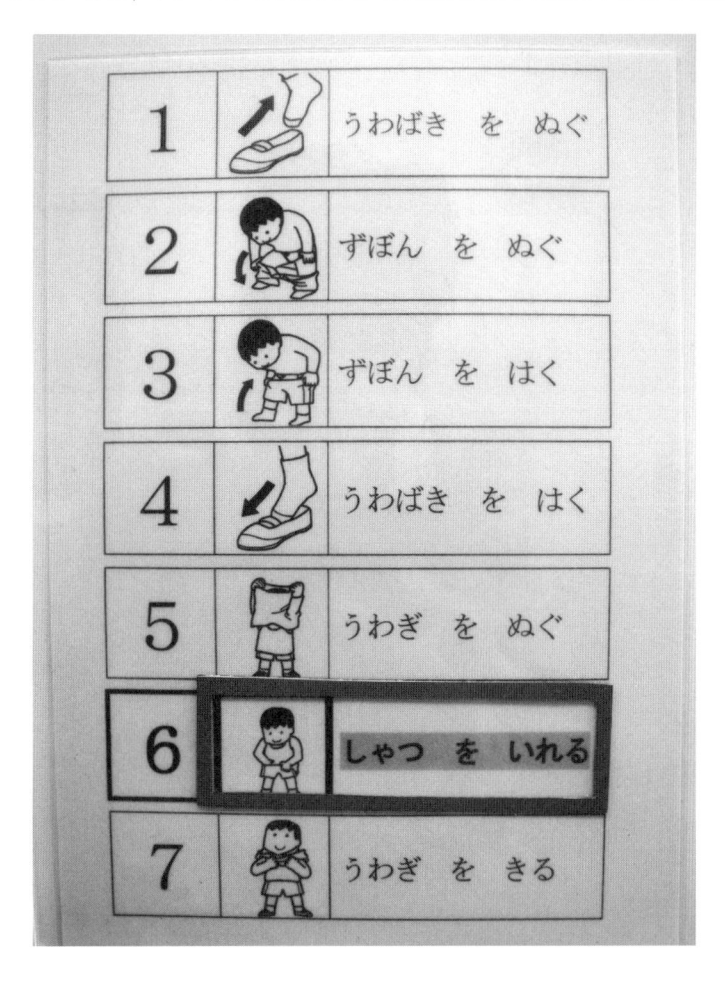

1	うわばき を ぬぐ
2	ずぼん を ぬぐ
3	ずぼん を はく
4	うわばき を はく
5	うわぎ を ぬぐ
6	**しゃつ を いれる**
7	うわぎ を きる

| 事例 | 2 | ジャンパーを脱ぐ時に裏脱ぎになってしまう子どもに対して |

　ジャンパーを脱ぐ時に裏脱ぎになってしまう子どもがいました。その子どもには，肩の部分を脱いだ後，強引に腕を抜いていたために裏脱ぎになっていました。そこで，「袖を持つ」ことを強調することにし，以下の手順表を示しました。

1	そで を もつ
2	うで を ぬく
3	はんたい の そで を もつ
4	うで を ぬく
5	できた！

事例 3　ボタンがずれてしまう子どもに対して

　ボタンを掛けることそのものはできるのですが，どうしてもずれてしまう子どもがいました。その子どもは，シャツの真ん中からボタンを掛け始めていました。おそらく自分にとってはシャツの真ん中部分が一番見やすいと同時に，操作のしやすい位置だったのでしょう。そこで，シャツとシャツの一番下の端部分を両手で持ち，一番下のボタンを探す手順を入れ，下からボタンをはめるように促しました。

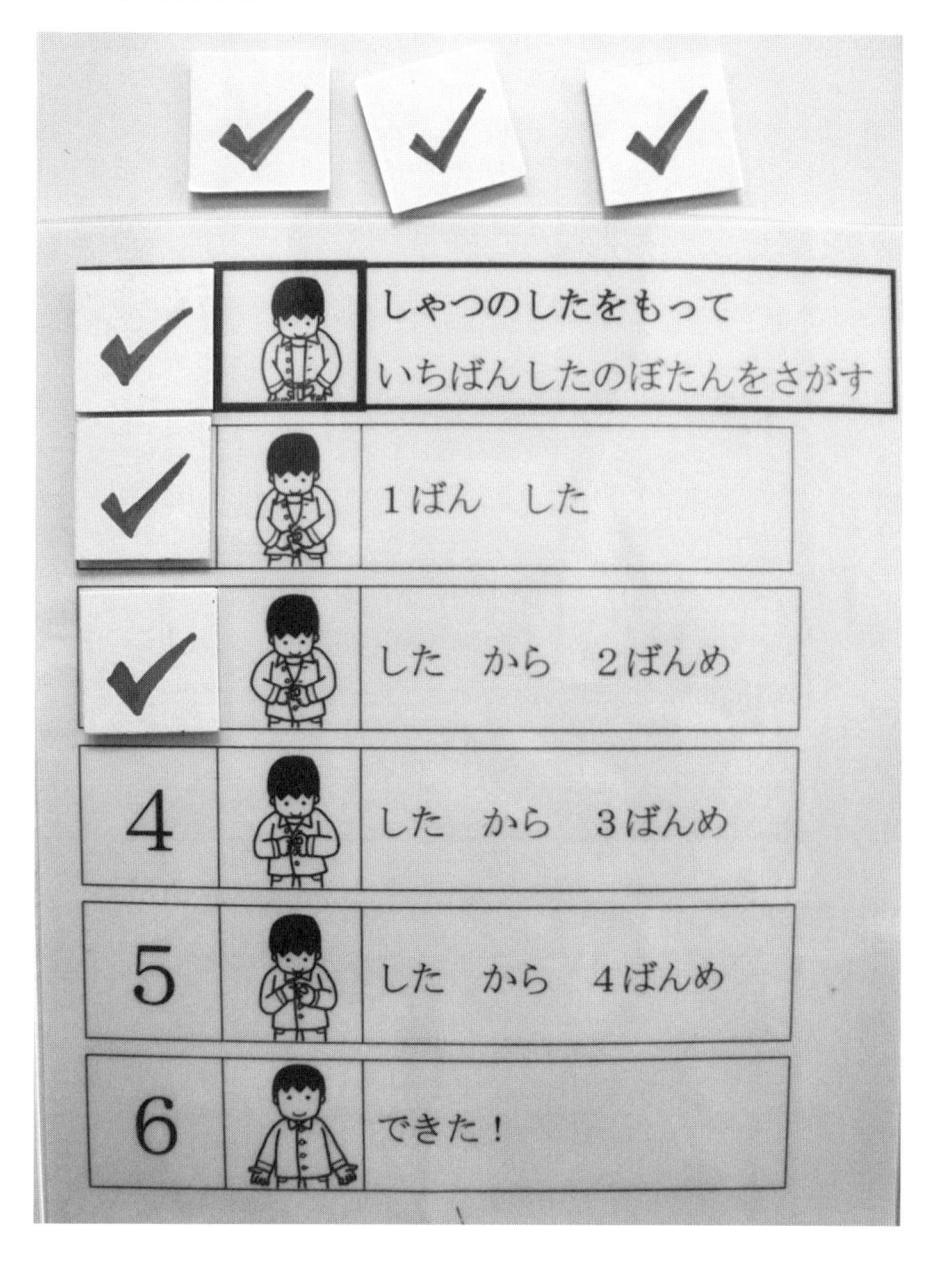

✓	しゃつのしたをもって いちばんしたのぼたんをさがす
✓	1ばん　した
✓	した　から　2ばんめ
4	した　から　3ばんめ
5	した　から　4ばんめ
6	できた！

第3章　指導の実践と教材の工夫例

事例 4 ズボンが裏脱ぎになってしまう子どもに対して

　ズボンを脱ぐことはできますが，裏脱ぎになってしまう子どもがいました。その子どもはズボンを足首付近までおろした後，手を使わずに足を引き抜いてしまうために裏脱ぎになってしまっていました。そこで手を足首まで持ってきて，押さえて脱ぐことを手順に加えました。

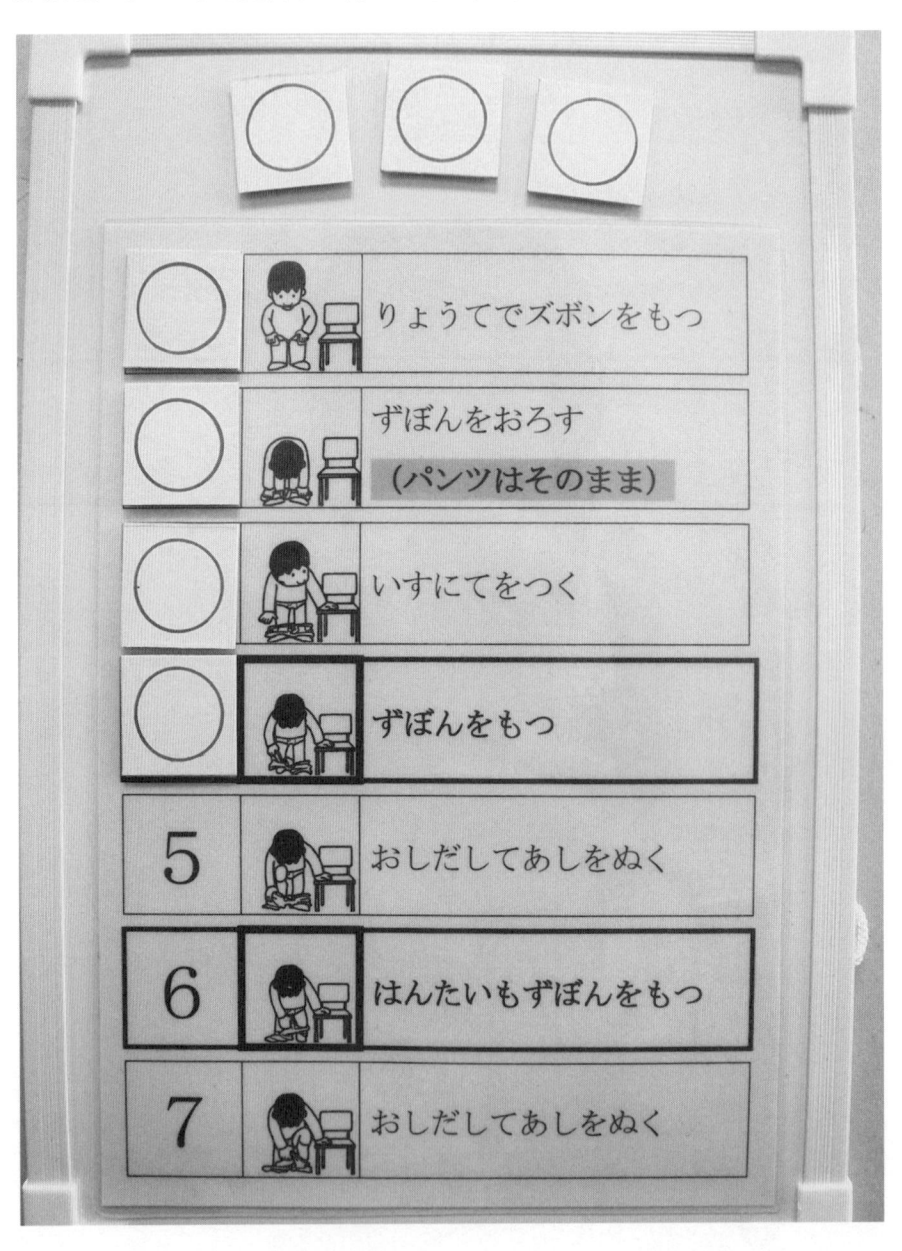

○		りょうてでズボンをもつ
○		ずぼんをおろす（パンツはそのまま）
○		いすにてをつく
○		ずぼんをもつ
5		おしだしてあしをぬく
6		はんたいもずぼんをもつ
7		おしだしてあしをぬく

事例 5 「ブティック畳み」で反対に畳んでしまう子どもに対して

「半分畳み」や「腕折り畳み」はできるようになったので,「ブティック畳み」に挑戦している子どもがいました。その子どもは,今までの畳み方のつながりで,シャツの表を前に向けたまま「ブティック畳み」をしていました。その結果として,前面に表側が来なくなってしまいました。そこで,最初に「シャツを後ろ向きに広げる」という手順を加えました。

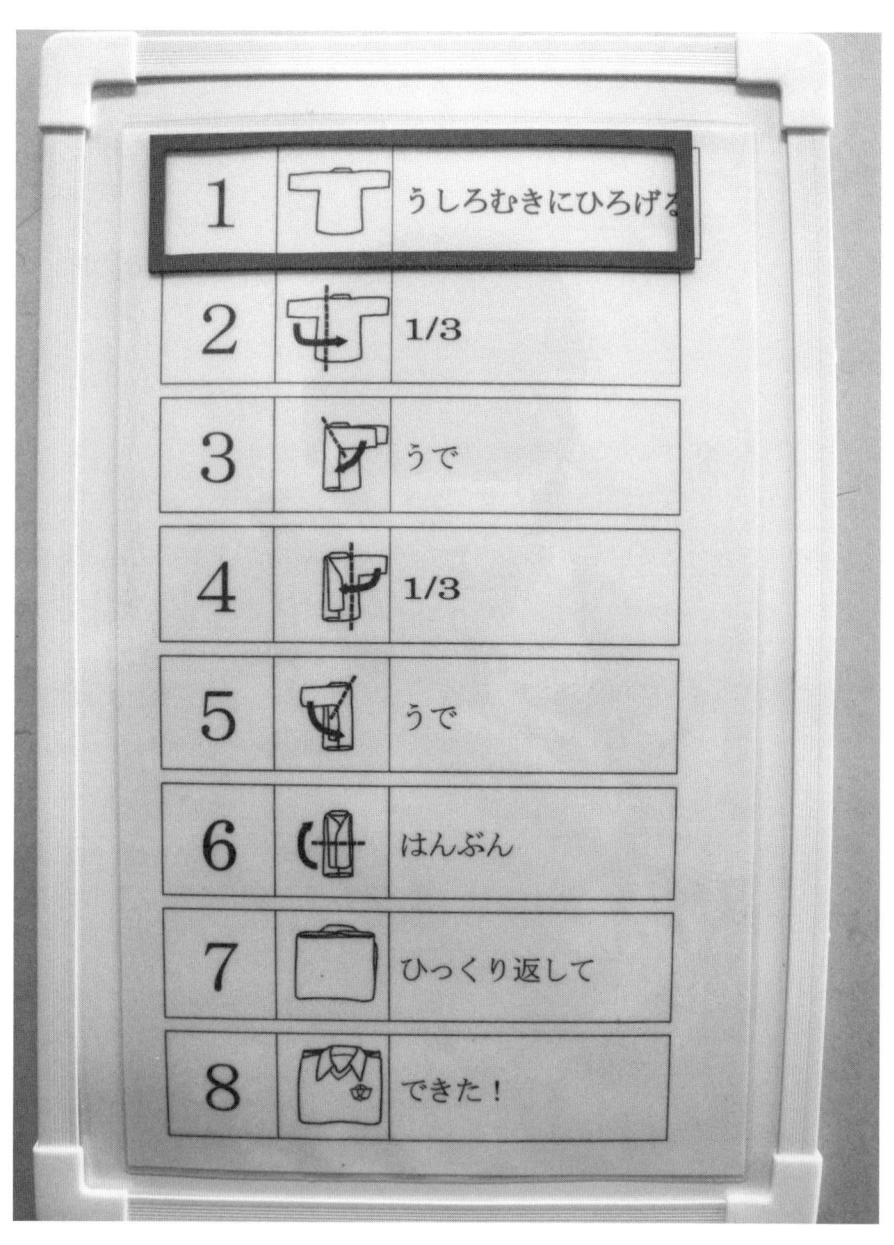

1		うしろむきにひろげる
2		1/3
3		うで
4		1/3
5		うで
6		はんぶん
7		ひっくり返して
8		できた!

3 【シート3】の子どもに対しての工夫

事例 6 前後を逆に着てしまう子どもに対して（その1）

　シート3の子どもは絵カードの手順表を見て，実際の着替え場面の行動を修正することが難しい場合が多いです。そのような場合は，衣類そのものに印を付けるなどの支援を行う必要があります。無地のTシャツなどは大人でも前後が分かりにくい場合もあります。そんな時，目印にするのが首部分に付いている「タグ」だと思います。しかしながら，首部分に「タグ」の付いていない衣類もありますし，「タグ」を意識することが難しい子どももいます。私も，服の前後を理解することが難しい子どもに何人も出会ってきました。

　そんな時に，まず考えたのが「前後の違いがはっきりしている服を着用する」ことです。例えば，夏ならTシャツタイプでなくポロシャツ（襟付きシャツ）タイプにしたり，冬ならトレーナーでなく，フード付きのパーカーにしたりすると，分かりやすいでしょう。

　また，ズボンは「ウエストゴムタイプ」よりも「前開きのホックタイプ」の方が前後の判断がしやすいです。しかしながら，「前開きのホックタイプ」だとボタンやホックをはめたり，チャックの上げ下げしたりする手順が加わるため，前後は分かりやすくても，脱ぎはきが難しくなる場合もあります。そんな時は，ポケットやウエストゴムの結び目なども目印になります。

前後が分かりにくい服　　　　　　　　**前後が分かりやすい服**

Tシャツ　　　　　　　　　　　　　　　ポロシャツ

前後が分かりにくい服	前後が分かりやすい服
トレーナー	フード付きパーカー
ウエストゴム式ズボン	チャック式ズボン

第3章 指導の実践と教材の工夫例

事例 7 前後を逆に着てしまう子どもに対して（その２）

　また，Ｔシャツやトレーナーに「ボタン」を付け，目印にすることで，前後の違いが理解できた子どももいました。「ボタン」を付ける場合には，①後方の裾部分に２つ付ける場合（着る時に手を置くので），②後方の裾部分に１つ付ける場合，③後方の首部分に付ける場合（タグに意識を近づけるため）が考えられます。「ボタン」を付ける位置もその子どもの実態に合わせるとよいでしょう。また，「ボタン」だとかさばってしまう時は，フェルトを縫い付けて印にするとよいかと思います。

ボタンを付ける

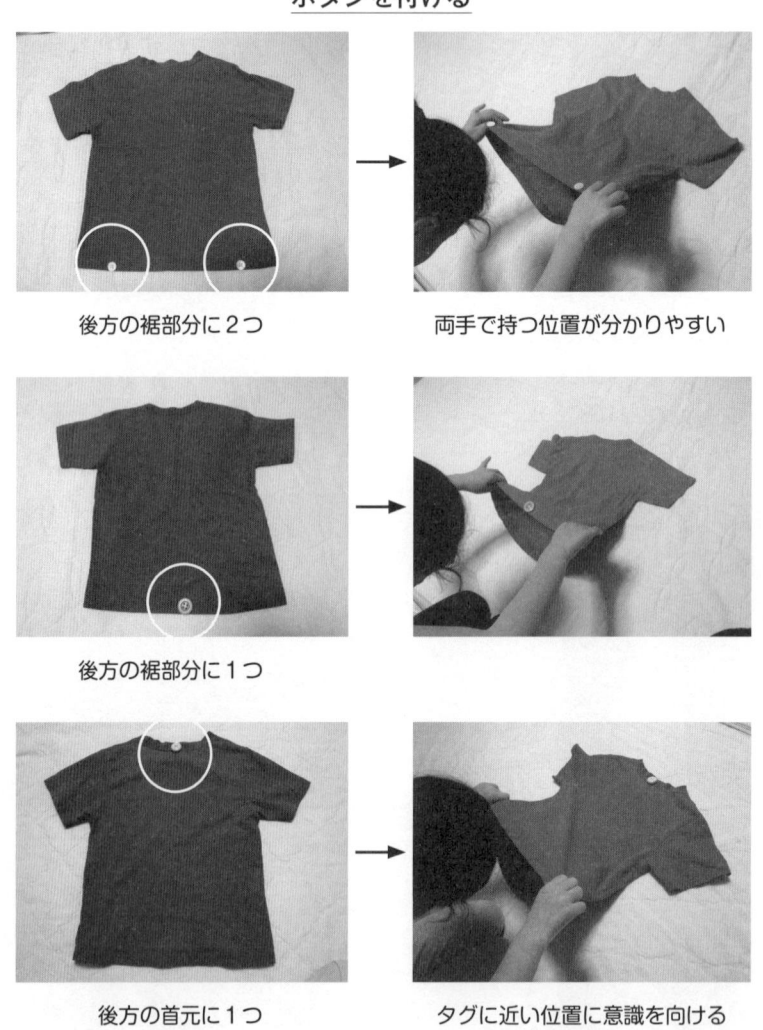

後方の裾部分に２つ　　　　　両手で持つ位置が分かりやすい

後方の裾部分に１つ

後方の首元に１つ　　　　　　タグに近い位置に意識を向ける

事例 8　前後を逆に着てしまう子どもに対して（その3）

　服を着たり，畳んだりする際には，一度机の上に広げる習慣をつけることできれいに畳めるようになった子どももいました。その子どもは，机の上に広げる際に，きれいに広げられなかったので，段ボールにビニールテープを貼り「服を広げるための土台」を作りました。

土台を使わないと
トレーナーの場合　　　　×

土台を使うと
トレーナー用の土台 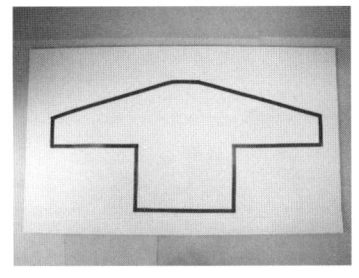
トレーナーの輪郭に沿ってビニールテープを貼る

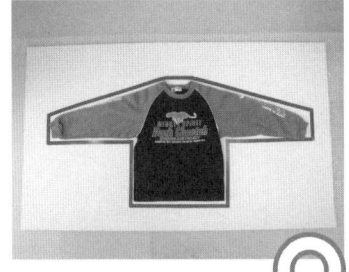

きれいに広げられた！　◎

土台を使わないと
ズボンの場合　　　　×

土台を使うと
ズボン用の土台 
ズボンの輪郭に沿ってビニールテープを貼る

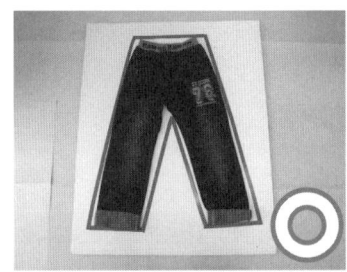

きれいに広げられた！　◎

第3章　指導の実践と教材の工夫例　55

事例 9 ボタンがずれてしまう子どもに対して

　シャツのボタンをする時に、どうしてもずれてしまう子どもがいました。その子どもに対して、ボタンとボタンホールの横に形と色の違うシールを貼り、同じ形（色）同士でボタンをするように促しました。

色シールがないと

色シールがあると

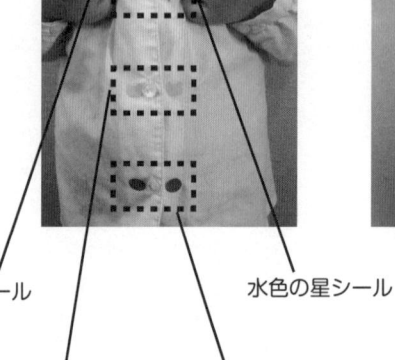

ピンクのハートシール　　　水色の星シール

黄色いクマシール　　　緑の丸シール

4 【シート2】の子どもに対しての工夫

事例 10 服を畳む時,折り目を理解することが難しい子どものために(その1)

　上着を「腕折り畳み」で畳む時には,肩のラインで「折り目」を付けて畳む必要があります。しかしながら,腕を持って畳む時に肩のライン(折り目)を意識しないで,勢いよく畳むので,下の写真のように肩のラインを行き過ぎてしまっていた子どもがいました。その子どもに対して,「折り目部分を厚紙で押さえてしまうこと」を考えました。「厚紙」は真ん中部分で折れ曲がるように工夫しました。上着のサイズに合わせて厚紙のサイズも変えなければならないのが難点ですが,幸い作成するのが簡単なために,1人の子どもにつき3種類ほど大きさを用意しておけば足りました。

上着を厚紙なしで畳むと(腕折り畳み)

| まずは,上着を広げる | 腕部分を折る時に,行き過ぎてしまう | さらに反対の腕部分を折る時も行き過ぎてしまう |

| そのまま胴体部分を半分に折ろうとする | 結果,きれいに畳めず,ぐちゃぐちゃになる |

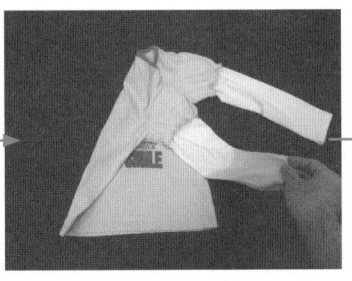

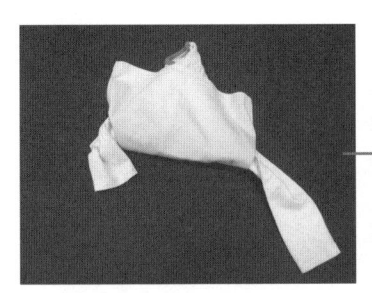

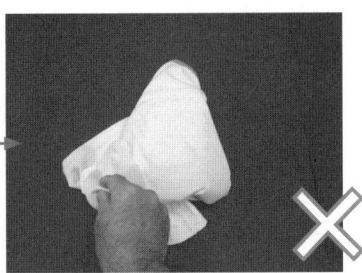

第3章　指導の実践と教材の工夫例　57

厚紙を使って上着を畳むと

まずは，上着を広げる

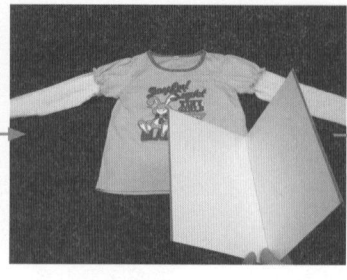

厚紙を用意する

厚紙を服の上部に置く

腕を折る時に厚紙のラインで折れる

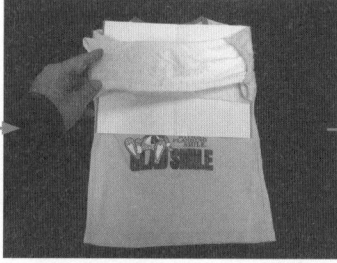

反対の腕も同様に，厚紙のラインで折れる

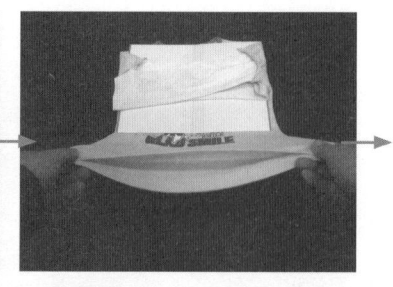

胴体部分を半分に折るときも厚紙のラインで折れる

きれいに半分に折れた

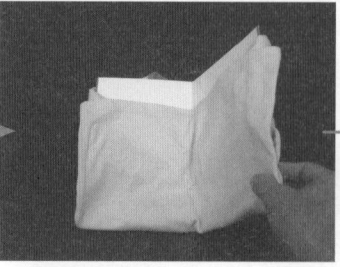

厚紙自体の折り目を利用してさらに半分に折る

きれいに1／4に折れた

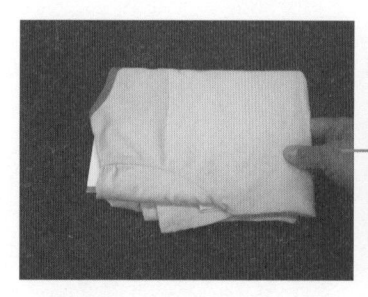

厚紙を抜くために，方向を90度回転させる

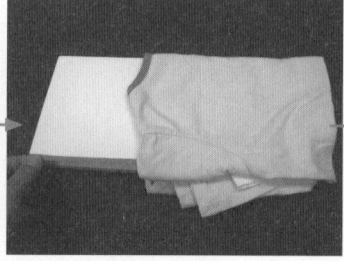

厚紙を引き抜く

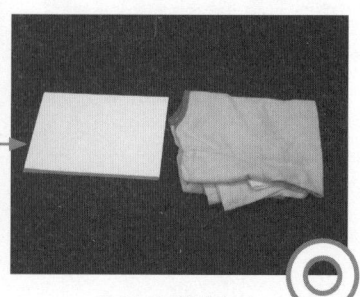

きれいに畳めた！

事例 11　服を畳む時，折り目を理解することが難しい子どものために（その２）

　ズボンを畳む時に「折り目」をどこで付けるかが分かりにくく，下の写真のように行き過ぎてしまい半分に折れない子どもがいました。その時に上着と同様，「折り目部分を厚紙で押さえてしまうこと」を考えました。

ズボンを厚紙なしで畳むと

まずは，ズボンを広げる	半分に折る時に，中心線を行き過ぎてしまう	脚部分を揃えず，折るので片脚しか折れない

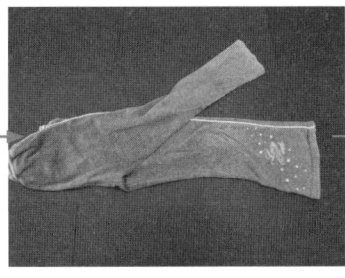

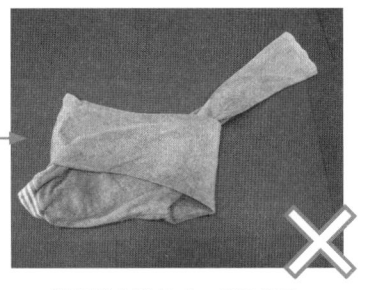

厚紙を使ってズボンを畳むと

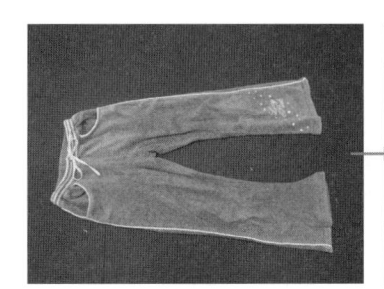

まずは，ズボンを広げる	ズボンの１／４の部分だけを厚紙で隠す	ズボンの脚部分を半分に折る。その時，厚紙のラインできれいに折れる
ズボンの裾部分を持ち半分に折る。この時も，厚紙のラインできれいに折れる	厚紙を引き抜く	きれいに畳めた！

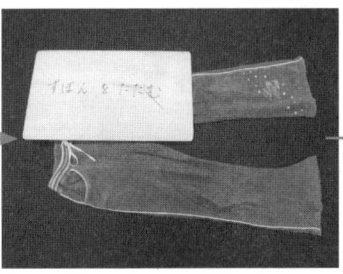

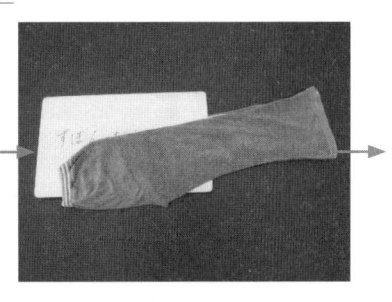

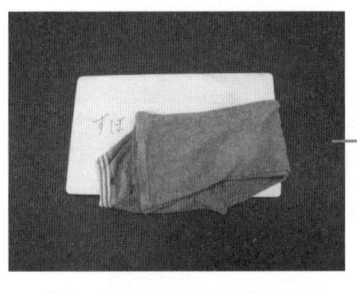

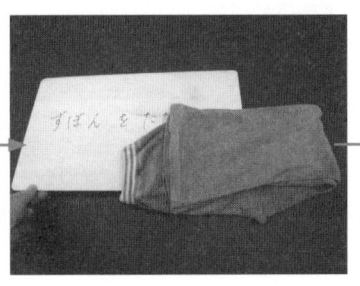

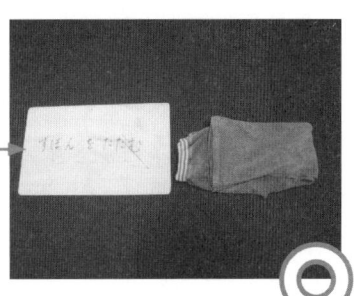

第3章　指導の実践と教材の工夫例

事例 12 服を畳む時，折り目を理解することが難しい子どものために（その3）

　服を畳む時に「折り目をどこで付けるか」が分かりにくい子どもに対して，もう1つの工夫として，「折り畳み枠」を用いました。これは段ボールで作成し，折り目で段ボールが折れ曲がるようになっています。

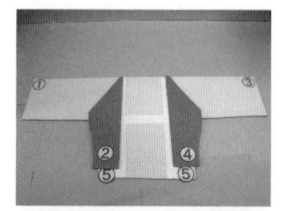

　　　　半分畳み用の枠　　　　「腕折り畳み」用の枠　　　　「ブティック畳み」用の枠

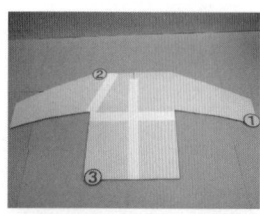

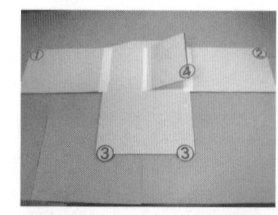

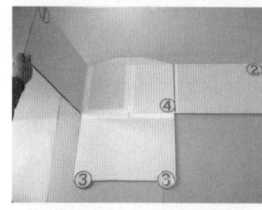

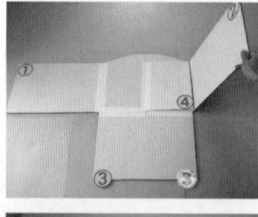

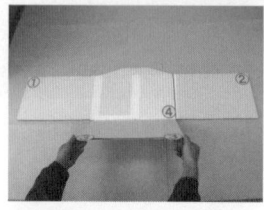

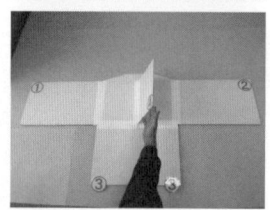

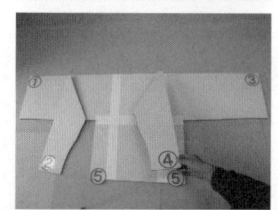

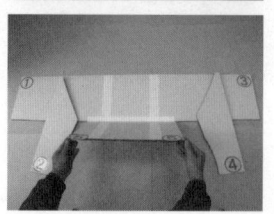

「半分畳み」用の枠を使って上着を畳むと

枠の上に上着を置く

①縦の中心線の折り目に沿って枠を半分に折る

①の枠だけを戻す。
「半分に畳めた！」

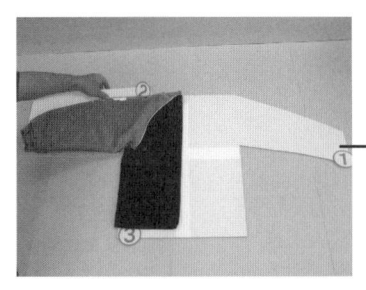

②肩部分の折り目に沿って段ボール枠を折る

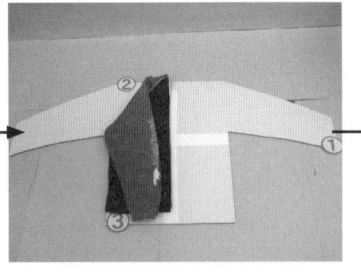

②の枠だけを戻す。
「腕が畳めた！」

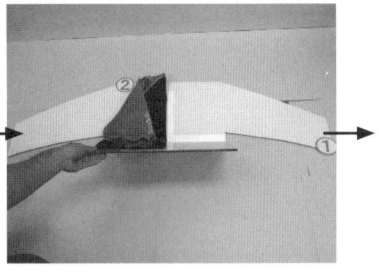

③横の中心線の折り目に沿って段ボール枠を折る

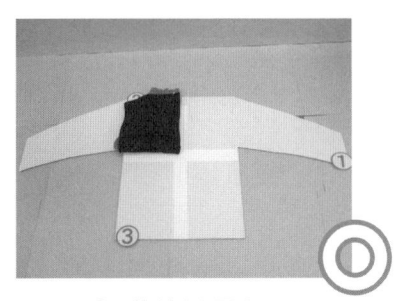

③の枠だけを戻す。
「全体が畳めた！」

第3章 指導の実践と教材の工夫例

「腕折り畳み」用の枠を使って上着を畳むと

枠の上に上着を置く

①右肩部分の折り目に沿って,腕を畳む

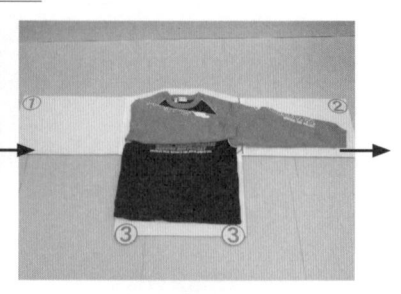

①の枠だけを戻す。「右腕が畳めた！」

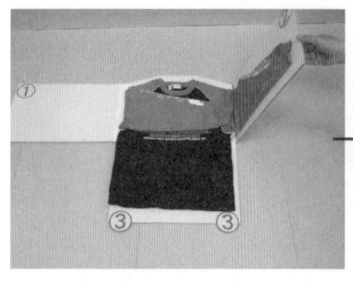

②左肩部分の折り目に沿って,腕を畳む

②の枠だけを戻す。「左腕が畳めた！」

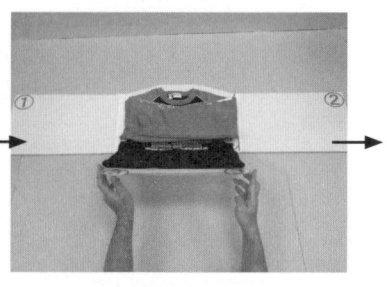

③横の中心線の折り目に沿って段ボール枠を折る

③横の中心線の折り目に沿って段ボール枠を折る

④縦の中心線の折り目に沿って段ボール枠を折る

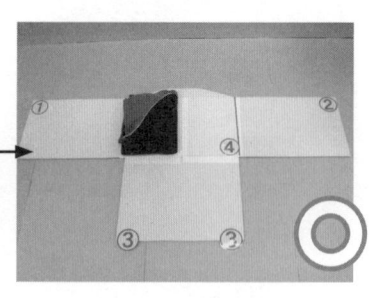

④の枠を戻せば「腕折り畳み」の完成！

「ブティック畳み」用の枠を使って上着を畳むと

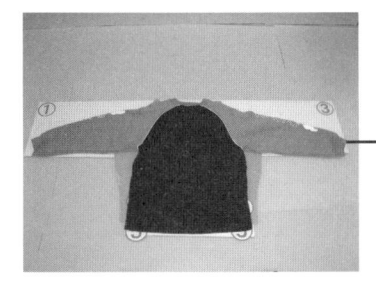

枠の上に背面が見えるように上着を置く

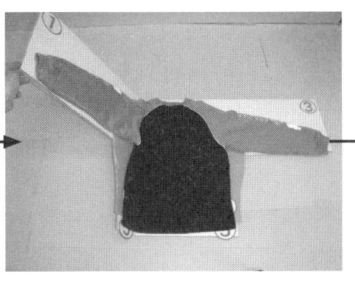

①胴体の1／3の部分の縦線に沿って，畳む

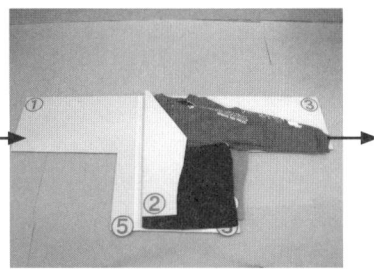

①の枠だけを戻す。②の型が一緒にひっくり返る

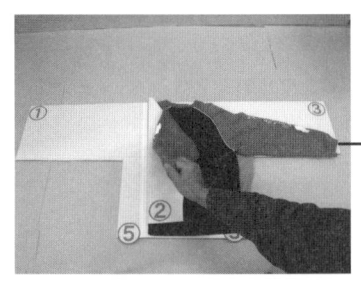

②の型に沿って，左腕部分を畳む

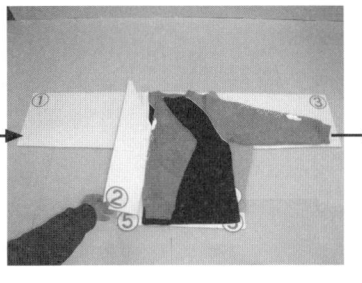

②の型を取り除く

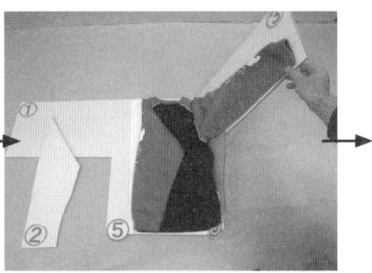

③胴体の1／3の部分の縦線に沿って，畳む

③の枠だけを戻す。④の型が一緒にひっくり返る

②の型に沿って，左腕部分を畳む

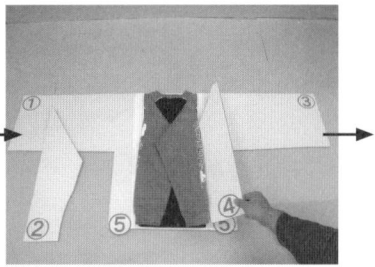

④の型を取り除く

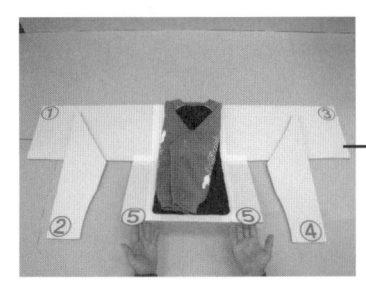

⑤横の中心線の折り目に沿って段ボール枠を折る

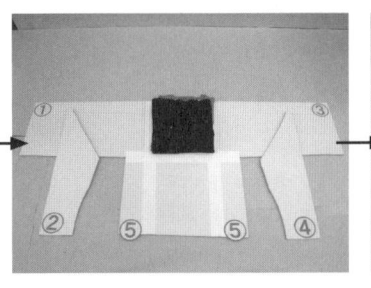

⑤の枠だけを戻す。「全体が畳めた！」

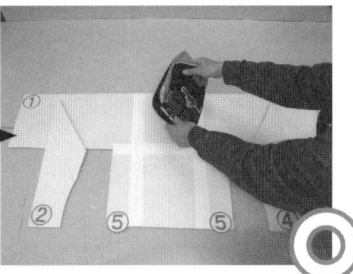

前後をひっくり返せば「ブティック畳み」の完成！

事例 13 服を畳む時，折り目を理解することが難しい子どものために（その4）

　服を畳む時に「折り目をどこで付けるか」が分かりにくい子どもに対して，ズボン用の「折り畳み枠」を用意しました。これは上着の枠と同様，段ボールで作成し，折り目で段ボールが折れ曲がるようになっています。

「ズボン畳み用」の枠

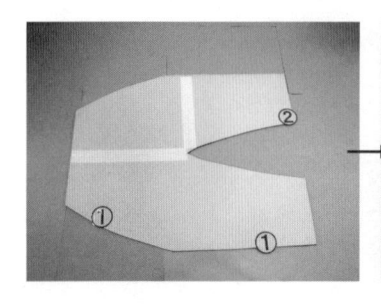

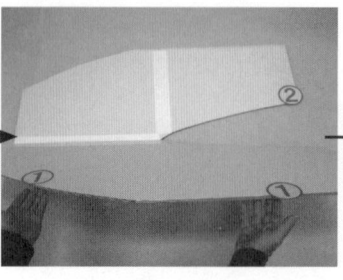

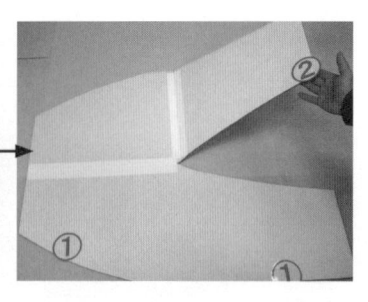

ズボン用の枠を使って畳むと

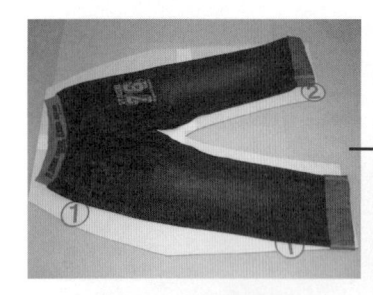

枠の上にズボンを置く

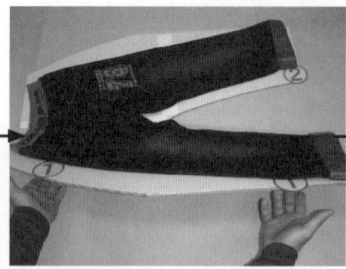

①横の中心線の折り目に沿って，枠を半分折る

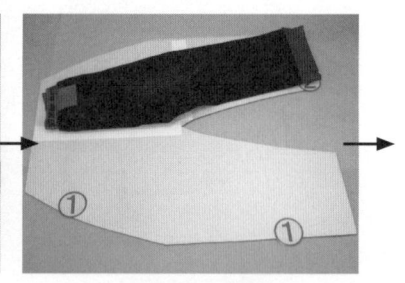

①の枠だけを戻す。
「半分に畳めた！」

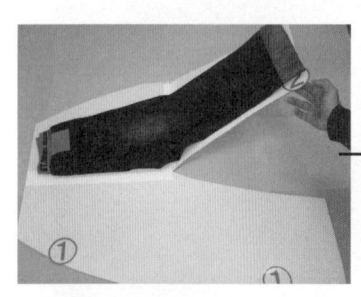

②縦の中心線の折り目に沿って，枠を半分に折る

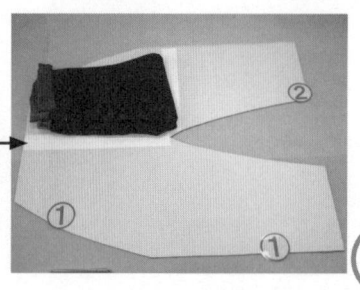

②の枠だけを戻す。
「1／4に畳めた！」

事例 14　ハンガーに服を掛けることが難しい子どものために（その1）

　冬になり寒くなってくると，ジャンパーを着て登校するようになります。そのジャンパーをハンガーに掛けることが難しい子どもがいました。

　その子どもは，一般的な針金ハンガーではどの部分を袖に通して，どの部分をフックに掛けるのかの区別がつきにくかったです。そこで袖に通す部分とフックに掛ける部分で素材が違う木製ハンガーを用いました。それにより正しい方向にハンガーを置くことはできました。しかしながら胴体部分に通そうとしてしまい，腕部分には通せませんでした。そこでより腕部分に「通す」という意識が高まるように，幅が60cmの「バスタオルハンガー」を用意しました。それにより，腕部分に通すことができました。

針金ハンガー　　　**木製ハンガー**　　　**バスタオルハンガー**

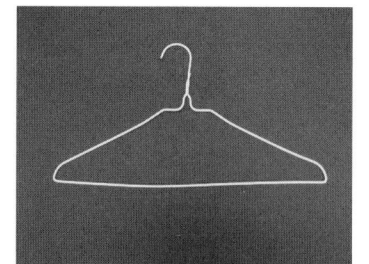

フックに掛ける先端部分を通そうとする

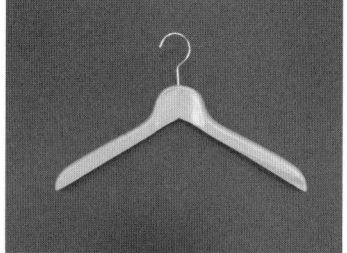

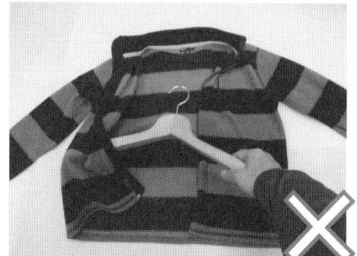

木製部分を通そうとするようになったが，腕部分に上手く入っていかない

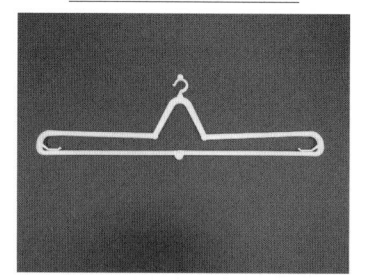

通す部分が長いので，腕に差し込もうとする意識が高まり，腕部分には通すことができるようになった

第3章　指導の実践と教材の工夫例

事例 15　ハンガーに服を掛けることが難しい子どものために（その2）

　バスタオルハンガーを用いることで上手に掛けられるようになった子どももいましたが，それでも難しい子どももいました。その子どもは，腕部分にハンガーを通すことが難しかったです。そこで，ハンガーでなく棒状のものならば通せるのではないかと考えました。プラスチック棒の先端に発泡スチロールボールを取り付けたハンガー（棒ハンガー）を手作りしました。しかしながら，まだ腕部分に通すことが難しかったため，腕部分に教師がガムテープの芯を差し込みました。それにより通す部分がはっきりしました。

手作りハンガーを作る

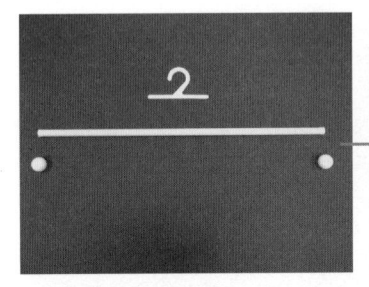

・プラスチック棒
・ハンガー上部（靴下購入時に捨てずに取っておいた）
・スチロール球

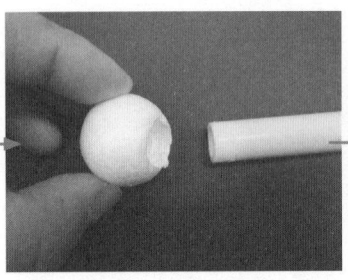

スチロール球にドリルで穴を開け，プラスチック棒の両端にはめ込む

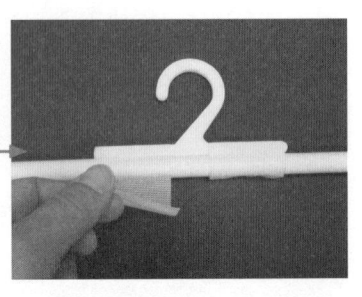

ハンガー上部をプラスチック棒の中心に固定する

手作りハンガーとガムテープの芯

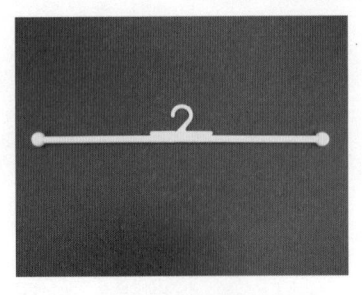

手作りハンガー 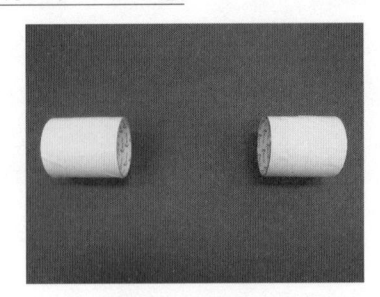　　　　　　　ガムテープの芯

両腕にガムテープの芯を通しておく

先端さえガムテープの芯に入ればよい

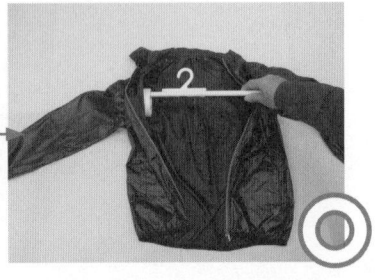

ガムテープの芯により，方向が修正できる

66

事例 16　ハンガーに服を掛けることが難しい子どものために（その3）

　ジャンパーをハンガーに掛ける際に，服の腕を通す部分が分かりにくく，違った部分に引っ掛けたり，天地を逆にして引っ掛けたりしてしまう子どもがいました。そんな時に，発泡パネル板を用いてハンガーに胴体部分を取り付け，上着の形状に近いような形状のハンガーにして，天地を分かりやすくしました。

通常のハンガーだと

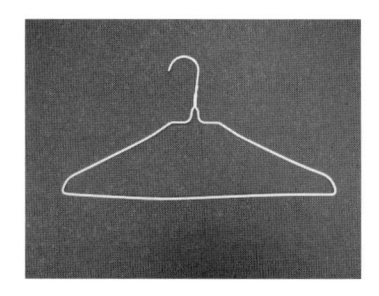

針金ハンガー

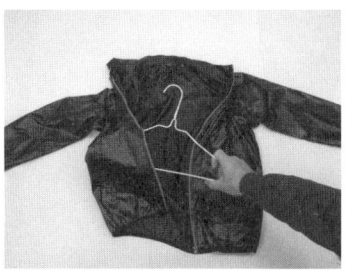

腕部分には通せず，腹部分に通そうとする

無理やりハンガーに掛けるので上写真のようになる

パネル付きハンガーだと

発泡パネルをハンガーの下部分に取り付けた

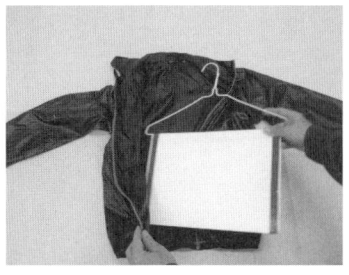

パネルの左側面をジャンパーの腹部に当てる

もう片方の前部分を開いて，パネルの右側面に合わせる

ジャンパーの前部分を合わせる

上手に掛けられた！

第3章　指導の実践と教材の工夫例

5 【シート１】の子どもに対しての工夫

事例 17　自力で服を脱ぐことが難しい子どものために

　教師が服を脱ぐことを促しても，子ども自身は全く「脱ぐ」必要性を感じていないため着替えようとはしない子どもがいました。その子どもに対して，途中までは教師が脱がせ，あえて中途半端で心地が悪い状態を作れば，その状態を解消しようとして，服を脱ぐのではないかと考えました。子どもにとっては，「服を脱いでいる」という意識よりは「心地が悪いから，取り去る」という意識を持っているのだと思います。

中途半端な状態を作る

頭に服がかぶさり，前が見えない　　腕に服がぶら下がっている 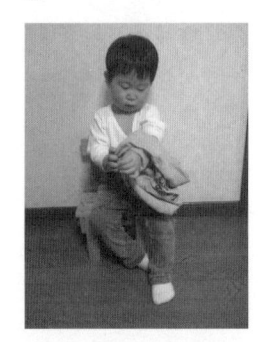　　脚にズボンがぶら下がっている

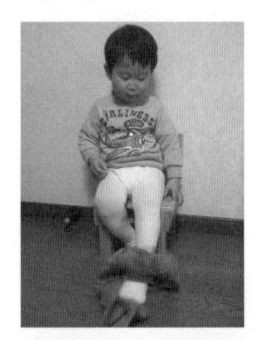

事例 18　服を脱いだら，そのまま床に服を落としてしまう子どもに対して

　「服を脱ぐ」「かごに入れる」という２つの行動を続けていってほしいのですが，実際には難しく服を脱いだらそのまま床に落としてしまう子どもがいました。そこで「服を脱ぐ」と「かごに入れる」行動を分けて行うことにしました。脱いだ服は一旦教師が受け取り，改めてかごの前で服を提示するようにしました。

かごを足元に設置する

事例 19　ジャンパーをハンガーに掛けることが難しい子どもに対して

　ジャンパーをハンガーに掛けることが難しい子どもがいました。その子どもには，靴箱でもリングを付けた洗濯ばさみを活用していました。また，学習課題では，リングを棒に通すことができるようになってきたので，ジャンパーも靴と同様にリング付き洗濯ばさみを用いてフックに掛けるように促しました。

リング付き洗濯ばさみを活用

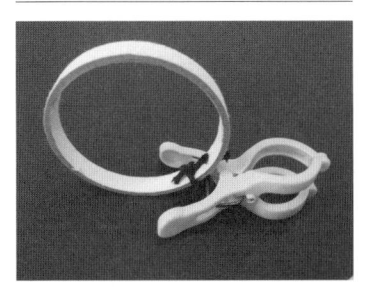

洗濯ばさみとリング（セロハンテープの芯）を紐で結び付けたものを活用

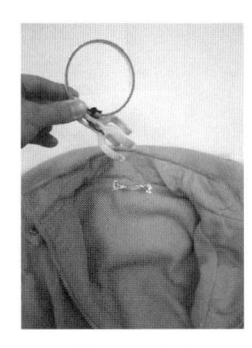

| 首元にはさむ | 子どもはリングを持つ | リングをフックに掛ける |

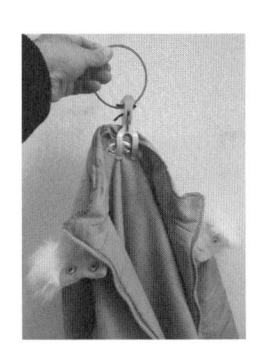

§4 「朝の会」での工夫

1 「朝の会」のバリエーション

(1) 「朝の会」について

「玄関での靴の脱ぎ履き」「荷物整理」「着替え」が個別的な活動なのに対して，「朝の会」は集団的な活動です。名前呼び（出欠の確認），日付や天気の確認，予定の確認，給食の確認，昨日のできごとの発表などが取り扱われる場合が多いかと思います。朝の会の司会を子どもの課題としたり，日直制にして子どもが交代で役割を担ったりする場合もあるでしょう。いずれにせよ，「朝の会」を通して「1日の授業に取り組む上での意識を高め，動機付けをする」ことが大切です。教師は，子どもが毎朝，同じリズムで活動を行える環境を作り，授業を展開していく必要があります。「いつも通りだから安心できる，落ち着く」授業展開になっているかがポイントです。そのためには，その子どもが「できる」内容を取り上げ，「分かる」授業を展開していく必要があります。したがって「集団で行う活動」であったとしても，クラスの一部の子どもだけがその内容を理解し，授業が展開していくのでは上手くありません。それぞれの子どもの「できる」「分かる」レベルを捉えて教材を工夫していく必要があります。

本節では，【シート4】見本を見て配列したり，順序や表に関する約束が理解できたりする段階，【シート3】視覚的ヒント（見本）を見て答えを出す段階，【シート2】運動的なヒント（枠）を手掛かりに，比較・弁別・選択・分類する段階，【シート1】相手の働きかけに応じて物をつかんだり，放したりする段階の4段階に分け，教材をご紹介いたします。

(2) 「名前呼び（出欠確認）」について

名前呼び（出欠確認）は，シート1の子どもであれば，「自分の名前が呼ばれていることが理解すること」をねらいとしたり，シート4の子どもであれば「自分の名前を書くこと」，数の導入期の子どもであれば「出席が○人で欠席が○人」などをねらいとしたり，個々の発達に合わせて幅広くねらいが定められる活動です。自分の氏名が書かれた平仮名カードや漢字カードを選んだり，1文字ずつの平仮名（漢字）カードで自分の氏名を構成したり，見本の文字を見て自分の氏名を模写したりなど，学習課題と直結する内容も取り扱うことができます。

また，漢字の学習に入っていない子どもであったとしても，あるいは文字の学習に入っていない子どもであったとしても，毎日，朝の会で取り扱うことにより，自分を示す漢字（あるいは平仮名文字）だけは判断できるようになることもあるかと思います。

① カード作成にあたって

写真カード，平仮名文字カード，漢字カードの3段階を基本に，それらを組み合わせて活用するとよいと思います。

顔写真 　　　　　　　　　平仮名 　　　　　　　　　漢字

顔写真と平仮名 　　　　平仮名と漢字

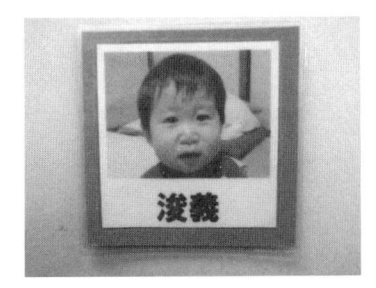

顔写真と漢字 　　　　顔写真と平仮名と漢字

　カードは「板目紙」に貼り付けたり，「ラミネート」したりすると強度が増し，折れにくく，扱いやすくなります。しかしながら，薄い紙では扱いにくい場合は，スチレンボードに貼り付けたり，ベニヤ板に貼り付けたりして厚みをつけるとよいと思います。

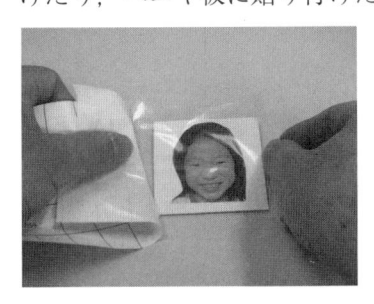

板目紙
（表面に透明フィルムを貼る）　　　　ラミネート 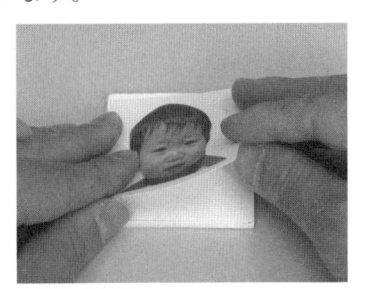　　　　　　　スチレンボード

第3章　指導の実践と教材の工夫例　71

② 出欠確認の板書例

　朝の会で出席，欠席を確認するという意味合いでは，学校にいる子どもは「学校」の枠に顔写真を貼り，お休みしている子どもは「お休み」の枠に顔写真を貼る形式で，確認しているクラスもあると思います。

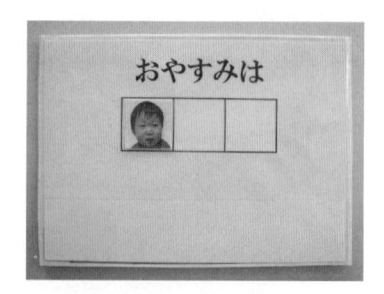

　また，自分の顔写真と名前の理解を深めるために，黒板（ホワイトボード）に枠を作り，そこに自分の顔写真と名前のカードを貼り付ける形式を取っているクラスもあると思います。

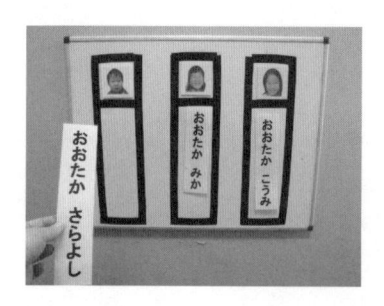

③　文字導入期の子どもに対する板書例

　文字の導入期あるいは獲得している子どもに対して，顔写真の下の枠に文字カードを貼り付け（枠の裏にはステンレスシートが貼り付けてあり磁石が付く）名前を構成したり，顔写真の下の枠に自分の名前を書いたり（枠内にはホワイトボードシートが貼り付けてあり，ホワイトボードマーカーで書いたり消したりできるようになっている）するのもよいと思います。

④　数導入期の子どもに対する板書例

　あるいは，数の導入期あるいは獲得している子どもに対しては，出席の人数，欠席の人数を書いたり（枠内にはホワイトボードシートが貼り付けてあり，ホワイトボードマーカーで書い

たり消したりできるようになっている），数字カードを貼ったり（枠の裏にはステンレスシートが貼り付けてあり磁石が付く）するのもよいと思います。

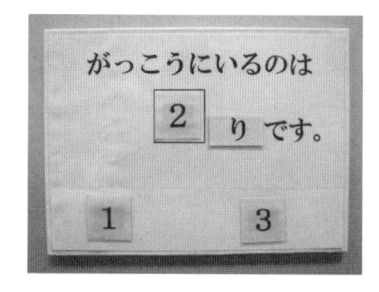

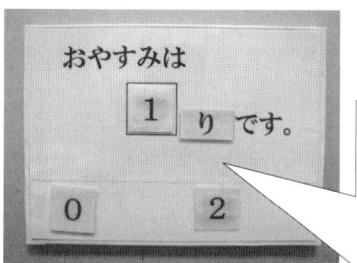

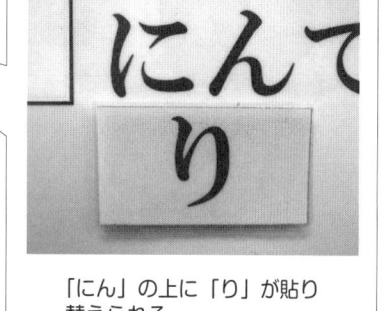

「にん」の上に「り」が貼り替えられる

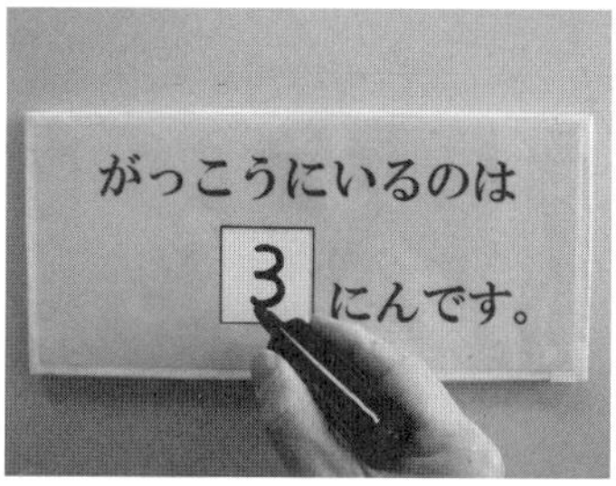

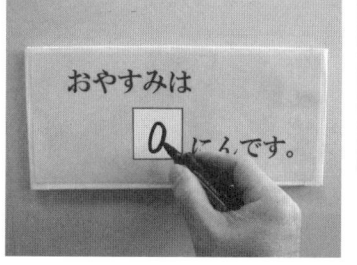

(3) 「日付」について

① カレンダーの種類について

多くの教室にカレンダーがあります。カレンダーには，年間カレンダー，2カ月表示のカレンダー，月ごとのカレンダー，日めくりカレンダー等があるかと思います。その中でも，教室で掲示し，朝の会で活用するのは，月ごとのカレンダーか日めくりカレンダーが多いようです。

月間カレンダー 　　　　　　　　日めくりカレンダー

2カ月表示のカレンダー 　　　　　年間カレンダー

月間カレンダーは，横軸に曜日，縦軸が週ですから，表としての縦軸と横軸の理解が必要です。横軸は7マス（つまり1週間は7日）であること。数字のスタートは1からだけれど，マスの途中から始まる場合もあること（前月の終わりとの関係で何曜日から始まるかが決まる）。
　数字の終わりは28，29，30，31のいずれか（月によって終わる日が違う）であること，等改めて考え直してみると理解するのが複雑な要素が含まれています。そのような中で「きょう」を意識していかなければならないのです。
　私が，クラス担任をした中でこのような経験がありました。シート3段階の子どもで，数字のマッチングができ，月間カレンダーに付けた印を見て「きょう」が何日か言える子どもがいました。1カ月は，順調に朝の会をこなしましたが，次の「5月」のカレンダーに変えようとすると，ものすごく怒りました。その子どもは，再び「4月」のカレンダーの「1」に戻ろうとしていたのです。クラスの中には，次の月に移ることを理解できる子どももいたので，そのままにしておくこともできず困ったことがありました。このような子どもを担任した経験は1人ではありませんから，シート3段階の子どもで，「一見カレンダーを理解できたと思われる子どもでも，月が替わっていくことを理解するのは，もうワンステップ上で，完全に日付を理解するのは難しいものだ」と感じさせられました。
② 　月間カレンダーを見て「今日」を理解する
　「きょう」をどのように意識させていくかにも，以下の写真のように色々な方法があります。左の写真は，マジックで「きょう」の場所に〇印を付けています。次の日になったら，前日につけた〇印の中に×印を付けて，改めて「きょう」に〇印を付けていくという具合です。
　右の写真は，カレンダーの日にちの枠に合うサイズにマグネットシートをカットして貼り付けることで「きょう」を示しています。

　　　　今日に〇印をし，過ぎた日には　　　　　　今日に枠（マグネットシート）
　　　　×印をする　　　　　　　　　　　　　　を貼る

　また，カレンダーが理解できれば，カレンダーを見ながら，別の枠に，「〇月〇日〇曜日」を構成する課題もよいでしょう。文字が書ける子どもは枠にマーカーで書き込む（この場合は枠の中にホワイトボードシートを貼り付ける）こともできます。文字を書くことが難しい子どもに対しては，カードを用意し，カードを貼る課題にする（この場合は枠の中にステンレスシートを貼り付ける）こともできます。

カレンダーを見て,「○月○日○曜日」と書く

カレンダーを見て,「○月○日○曜日」をカードで貼り付ける

③ 日めくりカレンダーを見て「きょう」を理解する

　一方,日めくりカレンダーは,毎日めくる（破く）活動を行うため,日付や文字・数字の理解が難しい子どもでも,活動として成立させることができます。また,「○月」や「○曜日」よりも「○日」に重点を置いたカレンダーとも言えます。「○月」「○日」「○曜日」の3項目を同時に理解することが難しい場合には,「○日」に絞るのもよいかと思います。

日めくりカレンダーを破る

日めくりカレンダーと同じ数字を貼る

日めくりカレンダーと同じ数字を書く

日めくりカレンダーと月間カレンダーを合わせる

日めくりカレンダーを見て月間カレンダーに印を付ける

第3章　指導の実践と教材の工夫例　75

(4) 「天気」について

　学校生活を送っていく中で，「天気」が子どもたちにとって最も密接に関わってくるのは，「雨（雪）が降っている時」と「雨（雪）が降っていない時」で時間割が変わる場合だと思います。例えば，朝のマラソンができるかどうか，体育を校庭でできるかどうか，生活単元学習の一環として公園に出掛けられるかどうか，昼休みに校庭や屋上で遊べるかどうかなどです。

　教室の黒板（ホワイトボード）では，文字カードや絵カードで天気を示すことが多いですが，「天気の概念を」理解しているかどうかは，カード同士のマッチングができているだけでは不充分で，外の様子と文字カード・絵カードが結び付いているかどうかがポイントです。したがって，朝の会で「天気」を確認する時は，実際に窓の外を見て確認することが大切だと思います。また，朝の会では「今日の天気は○○だから，今日の予定は○○です」というように，予定と関連付けていく必要があるでしょう。

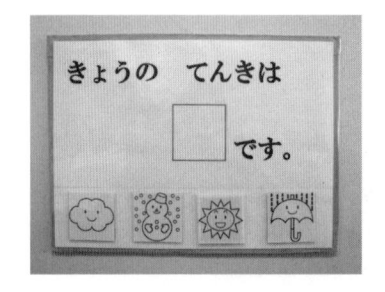

　定型発達児では，絵カード同士をマッチングできるようになるのは，おおよそ<u>1歳9カ月～2歳頃</u>だと考えられます。第2章でもご紹介しましたが，筆者はこの書を執筆している時期に，第3子（長男）がちょうどこの時期を迎えていました。この頃に，次の写真のように，2種類の天気カードを箱に入れて，1つのカードを手渡して「同じ所に入れて」と促すと，見事に同じ箱に入れることができました。渡すカードを変えても，箱の位置を左右入れ替えてもできました。つまり，2種類のカードを見比べ（比較），カードの違いを見分け（弁別），同じ場所を選び（選択），同じ場所に入れる（分類）という過程を全てクリアしていたのです。

　次に，次ページの写真のようにして「これと同じカードをちょうだい」と言えば，選ぶこともできました。

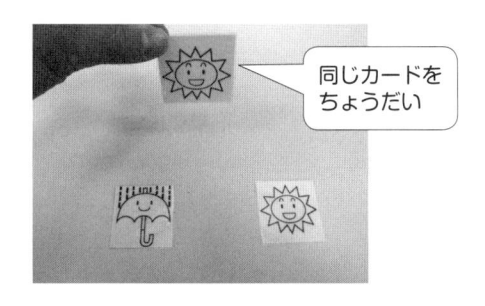

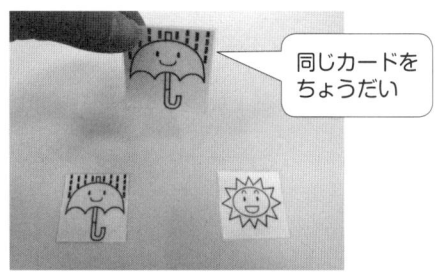

しかしながら「はれ（おひさま）を取って」「あめ（かさ）を取って」と音声言語では選ぶことはできませんでした。

この時期の我が子は、兄弟の名前や食べ物の名前、日常生活用品の名称などは言えるようになっていたものの「はれ」「あめ」は理解していませんでした（もちろん、養育されている地域や環境によって獲得していく語彙の種類や順序はちがうのは当然ですが）。

つまり、幼児は、「そのものの名称を言えるかどうか」、「名称を聞きそれに該当するカードを選べるかどうか」にかかわらず、ある特定の時期になれば、「同じ」という概念を獲得し、絵カードを見て「同じ」と判断できるようになるのかもしれません。著者の経験では、自閉症の子どもで、概念を理解していなくても、パターンで絵カードと文字カードまでマッチングできる子どもを多く見てきました。その経験からも、「絵カード同士のマッチングができるからと言って、その概念が分かっているわけではない」ということを学びました。

> カードのマッチング ≠ 名称理解 ≠ 概念理解

(5)「予定」について

学校生活で予定（時間割）を理解できると、見通しを持って生活をすることができます。しかしながら予定を理解するのは、日付や天気の概念を理解することと同様に簡単なことではありません。特にシート2、シート3段階にいる子どもは、多少の見通しを持ち始めてはきたけ

れど，その理解は漠然としていて，詳細に至るまで理解していないため，予定変更等で混乱することが多くなります。その子どもが自閉症の子どもであればなおさら混乱します。

そのような子どもに対しては，予定の変更は極力避け，固定化した1週間を繰り返すことが必要です。そして，そこで1日の予定や1週間の予定に関しての理解を深めていき，おおよその理解ができた段階で，今度はその予定が固定化し，それ以外が受け入れられなくならないように少しずつ変化を加えていくことが大切だと思います。ただ，クラスには色々な子どもがいますし，学校生活では子どもの実態にかかわらず，全校で決まった行事もありますので難しいところです。

今日の予定

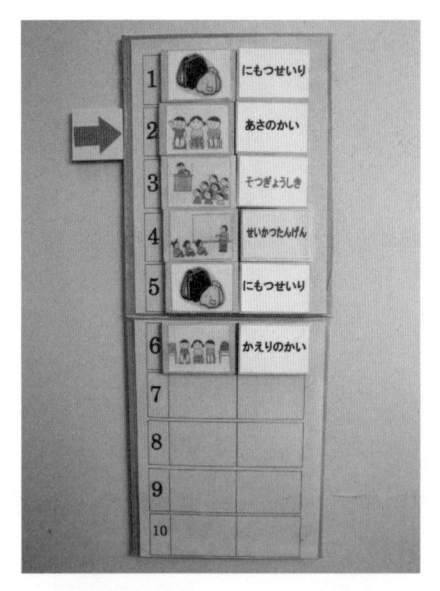

矢印をずらしていく形で「今」が何の授業か示していく

今日の予定

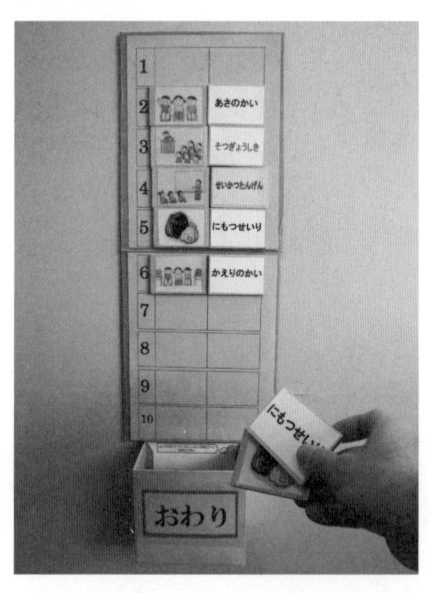

終わった授業カードを外していくことで「今」が何の授業か示していく

2 【シート4】の子どもに対する工夫

❀ 学習課題…端から順番に置いた後，1つずつ順番に指さす

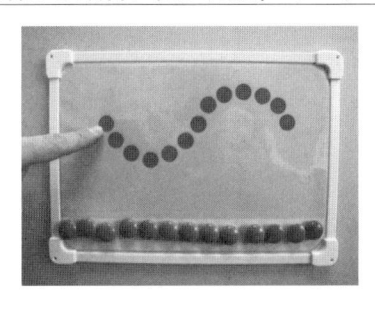

　学習課題として，シート4の 18　端から順番に置いた後，1つずつ順番に指さす 課題ができるようになってきた子どもは，教師が指さした順番通りに物を見て，自分でその順番通りに再現することができ始めていると考えられます。「朝の会」の内容と照らし合わせてみると，「朝の会」で取り扱う内容（例えば，名前呼び→日付→天気→予定→歌など）の順番を見通すことができるとも考えられます。このような子どもに対しては，授業1単位時間で学習内容を表にして貼っておき，現在の活動が全体の中で何番目に当たるのか？あとどれくらいで終わるのか？なども意識させられるとよいでしょう。

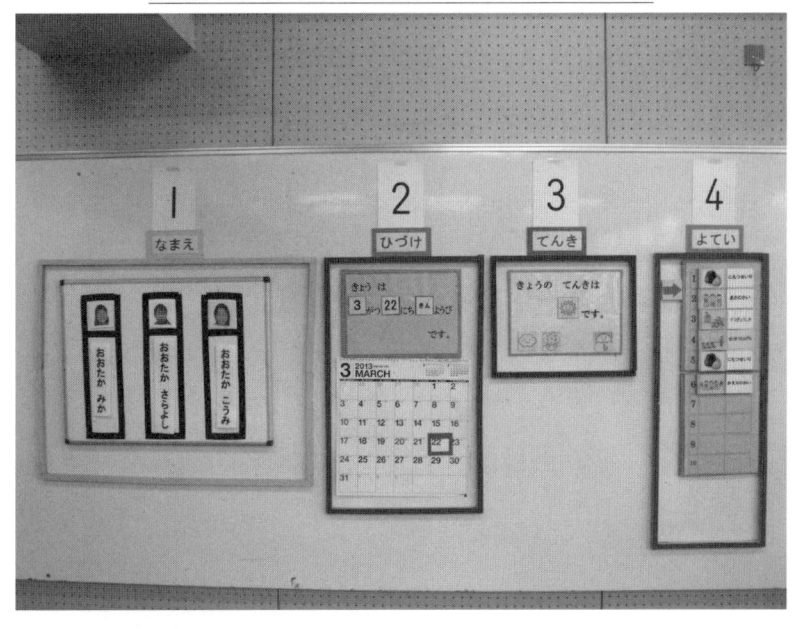

⬇

活動内容の順番を意識させるための「板書」

課題ごとに色枠で囲うとともに課題の順番とタイトルを貼り付け，ホワイトボード（黒板）全体を順番に見渡せるようにする

3 【シート3】の子どもに対する工夫

🏵 学習課題…同じ概念の物同士を同じ箱に入れる

シート3の「14 同じ概念の物同士を同じ箱に入れる」課題ができるようになってきた子どもは，「その物の表している意味」や「その物の用途など」を理解し，見た目が全く同じでなくても，概念が同じであれば「同じ」と認識し始めていると言えます。MOアセスメントでは「スプーン」「フォーク」「箸」を取り上げました。これは，子どもが日頃よく目にしていたり，取り扱っていたりするものだからです。また，大きさも15cm程度で，さほど大きすぎず，分類する時にかさばらないからです。概念の理解には，その物を，見たり，聞いたり，触ったりしてきた経験が必要になります。「スプーン」「フォーク」「箸」は知っているのでできても，他のものは知らないので概念分類はできないこともあります。そのため，色々なバリエーションで学習教材を用意し，学習を積み重ねるとともに，生活経験を広げていく必要があります。その1つとして「朝の会」でも同じ物を表しているけれど，見た目は全く同じでないカード同士を合わせる（集める）課題に取り組むこともできます。

写真の撮り方・イラストの描き方が違うカードのマッチング

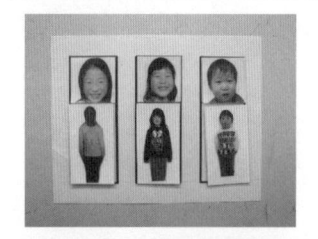

「顔写真」と「全身写真」 　　　「印刷文字・数字」と「手書き文字・数字」

マーク・情景等色々なイラスト 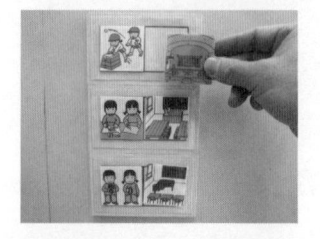　　　「授業カード」と「教室写真」

🌸 学習課題…同じ物同士を同じ箱に入れる

シート３の 13　同じ物同士を同じ箱に入れる 課題ができるようになってきた子どもは，操作をしながら考えるのではなく，呈示された状況を見て（視覚情報で），正解イメージした上で，課題に取り組み始める可能性が高いです。

しかし，見本として呈示される絵カードが「りんご」と「ばなな」の２種類なのか？それとも「りんご」「ばなな」「みかん」「めろん」「すいか」「ぶどう」「もも」「かき」「いちご」「きうい」「なし」など10種類以上にも及ぶのか？によって難易度は変わってきます。また，分類するカードが「りんご」「ばなな」２枚なのか，それとも「りんご」「りんご」「ばなな」「りんご」「ばなな」「ばなな」「りんご」「りんご」「ばなな」「りんご」「りんご」…など10枚以上に及ぶのかによっても難易度が変わってきます。この段階では，色々な種類・数の絵カード（具体物）を使って，課題設定していくのがよいかと思います。

⬇

見本として複数のカードを呈示。選択肢も多くの中から選ぶ

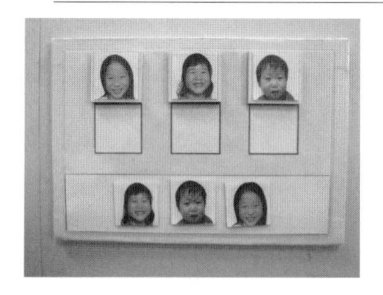

顔写真同士のマッチング　　　　　日付・曜日に該当する数字・文字を選択肢の中から選びそれぞれの見本の下に貼る

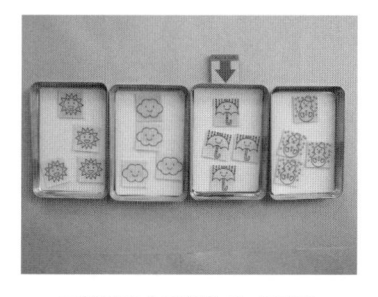

同じ絵を全て集める（天気）　　　　同じ絵を全て集める（時間割）

❂ 学習課題…選択的条件でのマッチング＝見本を見て同じカードを選ぶ

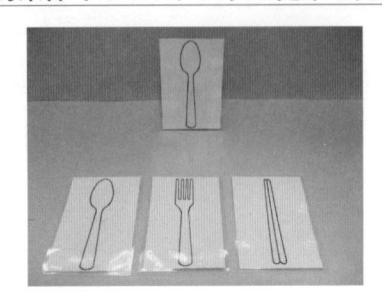

学習課題として，シート3の 12 絵カードをマッチングする 際に，「カード1枚を子どもに手渡して同じカードの上に重ねる方法で答えを求めるのか」，それとも，「見本のカードは教師が呈示するだけで子どもには触れさせずに，子どもは同じカードを選ぶのか」によって難易度が変わってきます。前者は「分類的な条件でのマッチング」，後者は「選択的な条件でのマッチング」となります。選択的な条件でのマッチングの方が，奥に立てて呈示された1枚のカードは「教師が呈示するカード」，手前に並べられた3枚のカードは「自分が選ぶカード」という約束（やりとりをする上での了解事項）を理解しなくてはいけないので難しくなります。

⬇

見本は1枚のカードに限定した上で，多くの選択肢の中から選ぶ

友達の写真が全て並べられている中から自分の顔写真を選んで，見本の下に貼る

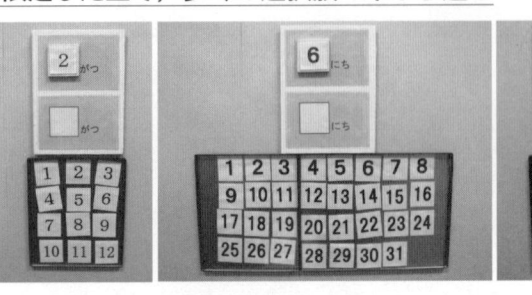

カレンダーの数字が全部並べられている中から選んで，見本の数字・文字の下に貼る

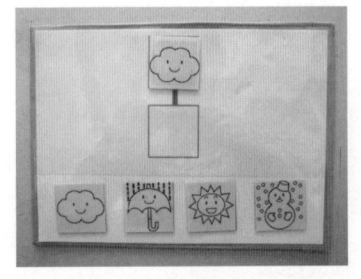

天気カードが全て並べられている中から，見本と同じカードを選んで見本の下に貼る

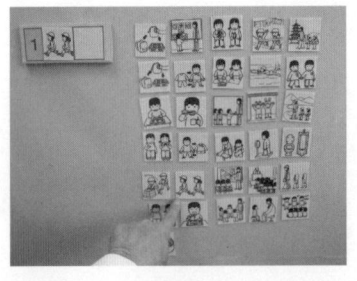

授業絵カードが全部並べられている中から選んで，見本の絵カードの横に貼る

❀ 学習課題…分類的条件でのマッチング＝同じカードの上に重ねる

　前項で記した，選択的な条件でのマッチングを促すと教師が呈示している見本カードに手を伸ばし，そのカードを強引に奪い，選択肢の上に重ねようとしてしまう子どももいます。そのような子どもは，「同じ」の意味は理解できているものの，「これはあなたの扱う領域」，「これは私の扱う領域」という約束が理解できていません。そのような子どもに対して，「これは先生のカード！」と叱ってもなかなか上手く学習が進まない場合も多いです。

　その際は，シート３の 12　絵カードをマッチングする 課題のような，「分類的条件でのマッチング」，つまり，教師の側にカードを複数枚並べ，１枚のカードを手に持つことを認め，同じカードの上に重ねるような形でのマッチングにするとよいです。そして，この方法でカードのバリエーションを広げたり，カードの枚数を増やしたりする中で力を蓄え，「選択的な条件でのマッチング」に挑戦すると上手くいく場合も多いと思います。

⬇

カードは教師が１枚手渡し，見本の上に重ねる

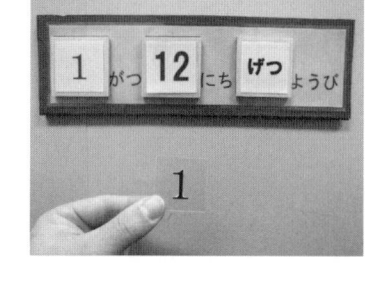

重なったことが分かりやすいように厚さ３mmのプラ板でカードを作成

❀ 学習課題…色カードのマッチングをする

シート3の 11 色カードをマッチングする 課題ができる子どもは，視覚的に違いを見分けることができます。しかしながら「色分けができる」と一言で言っても，前面に色が塗ってあれば分かるのか？縁取りだけしてあれば分かるのか？背景色が違えば分かるのか？など色の示し方に色々あります。色のヒントを日常生活場面で応用できるようになるために，「朝の会」でも以下のような教材を作成し取り組みました。

⬇

カードを種類ごとに色分けし，色をヒントに置いていく

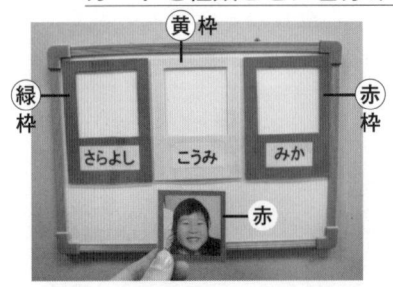

写真を色画用紙に貼り，色の縁取りのあるカードを活用

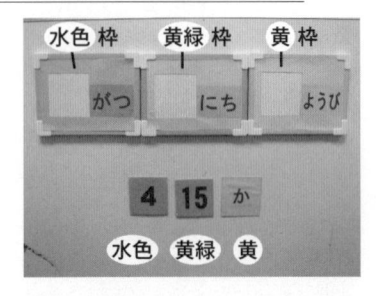

背景色が違う月・日・曜日カードを活用

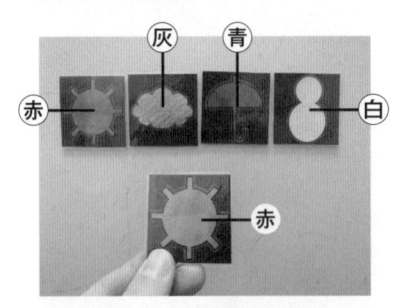

晴れは「赤」，雨は「青」，曇りは「灰色」，雪は「白」で記号を塗りつぶす色を変えたカードを活用

それぞれのカードの右端，左端に色が付いている。色の同じ印同士を合わせると同じカード同士になる

4 【シート2】の子どもに対する工夫

☼ 学習課題…形の違いを弁別して型をはめる

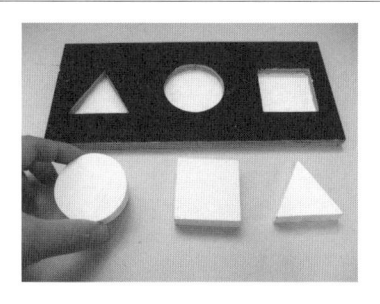

シート2の 10 形を弁別して型をはめる 課題では，「はめ板（ベニヤ板をカットして作成）」を用いました。この教材は○が△・□の溝に入らないようになっているところがポイントです。同様に△が□・○の溝には入らず，□が○・△の溝には入らないようにもなっています。もし，間違えた溝に持っていったとしても，「入らない」という運動的（物理的）手掛かりにより，「間違っている」ということに気付きやすくなっています。このような「運動的（物理的）な手掛かり」をヒントにすれば，「同じ」「違う」が理解しやすくなります。

⬇

「はめ板」や「缶の蓋」を活用して形弁別

お菓子が入っていた缶の蓋（○・□・△）

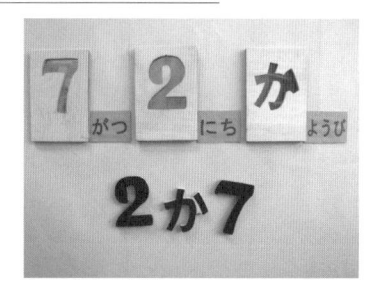

数字はめ板

天気はめ板

予定のはめ板

🌸 学習課題…大きさを弁別して型をはめる

　シート2の 9 大きさを弁別して型をはめる 課題では「小さい○」は「大きい○の溝」にも入ってしまいます。その点を取れば「形を区別してはめる」方が簡単かもしれません。ここでは「大きい○の溝」に「小さい○」を入れてしまったとしても，ゆるくてガタガタと動くので，それを「間違った」と捉えられるようになるとよいです。しかし，それが捉えられない場合には，大きい方の○から先に手渡すとよいでしょう。この観点を「朝の会」に応用すると，子どもが手に取って欲しいカードと正解を示す見本の溝のみを大きくしておけば，間違えたとしても，試行錯誤して「入る」溝を探すことができます。そして，最後は自力で正解を導き出すことができます。

⬇

「はめ板」・「木枠」・「ステンレストレー」を活用して大小弁別

写真の大きさとステンレストレーの大きさを変える。大きいカードの友達から順番に入れていけば，全員が間違えない

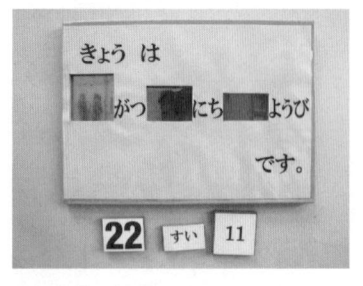

「○がつ」「○にち」「○ようび」の大きさ（縦の長さ）を変える。大きいカードから順番に入れていけば，間違えない

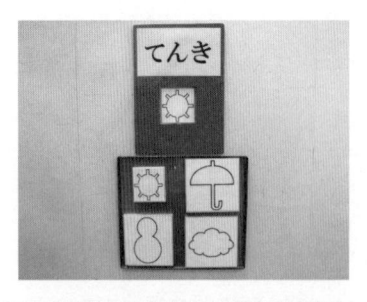

その日の天気のみを小さい枠で呈示する。選択肢として正解のみを小さくする。大きいカードは枠に入らないので，正解が導ける

「授業絵カード」と「文字カード」の大きさ（横の長さ）を変える。大きいカードから順番に入れていけば，間違えない

学習課題…棒を1本ずつさす

シート2の 7 3つの穴に3本の棒を1本ずつさす 、 8 10個の穴に10本の棒を1本ずつさす 課題では形や大きさの違いを区別することは求められておらず、手にしたものをどの順番でどの穴に入れても大丈夫です。つまり、結果として、全部入れられれば、その途中の過程は問われません。「朝の会」において考えると、「名前呼び（出欠調べ）」「天気」に関しては順不同で掲示しても成立します。「日付」「予定」は順序を入れ替えるとそれが表す意味が大きく変わってしまいますので入れ替えられません。そのような場合は、項目ごとに土台を分割できるようにして、1つ1つ呈示するようにしました。

⬇

「棒さし教材」・「空き缶，牛乳パック，ティッシュの空き箱」を活用して

ティッシュの空き箱に穴を開け、棒（直径10mm）をさしていく

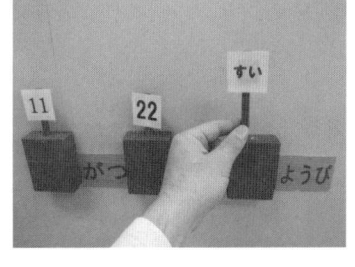

木材（ツーバイフォー材）に穴を開け、棒（直径10mm）をさしていく

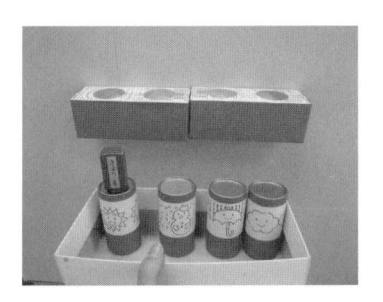

牛乳パックに穴を開け、空き缶（缶コーヒーサイズ）を入れていく

牛乳パックに穴を開け、空き缶（缶コーヒーサイズ）を入れていく（土台を1つずつに分割）

5 【シート1】の子どもに対する工夫

❀ 学習課題…玉を入れる

シート1の ④ 手渡された玉を穴に入れる ⑤ お盆に置いてある玉を取り，筒に入れる 課題ができる子どもは，入れる物は「玉」，受け皿となる容器は「筒（箱）」という関係が理解できています。それが理解できていなければ，「玉」を手に取っても，床に落としてしまったり，投げてしまったり，口に持っていってなめてしまったりしてしまうかもしれません。MO教材アセスメントでは，「ゴルフボール」と「アクリルの筒（木製の箱）」を用いましたが，「入れる物」と「入れるべき場所」の大きさや形状には変化を持たせて，様々なバリエーションで学習を積み重ねていくことが大切です。それにより「入れること」に対する意識はさらに高まっていきます。「玉」を「棒」に変えると穴付近で方向調整が必要になるので，少し難しくなります。「棒」と「筒」の形を四角に変えるとさらに難しくなります。様々な形に対応できるようになっていくことでカード（薄くて四角い）の形状でも入れることができるようになっていくと考えられます。

⬇

入れる物を「棒」に変えたり，「棒」と「筒」の形状を□に変えたりしてレベルアップ

「〇棒」を「〇筒」（木材）に入れる

「600mlのペットボトル」を「ガムテープの芯」に入れる

「□棒」を「□筒」に入れる

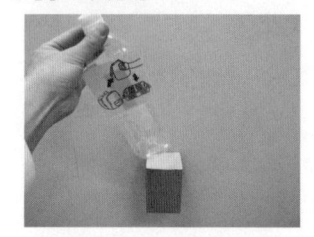

「900mlのペットボトル」を「500mlの牛乳パック」に入れる

「筒」を「芯棒」に通す課題に変えてレベルアップ

「〇筒」を「〇の芯棒」に通す

「ガムテープの芯」を「お菓子（ポテトスナック）の空き箱（丸い筒の形状・底面を土台に固定）」に通す

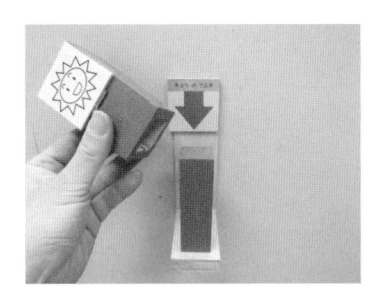

「□筒」を「□の芯棒」に通す

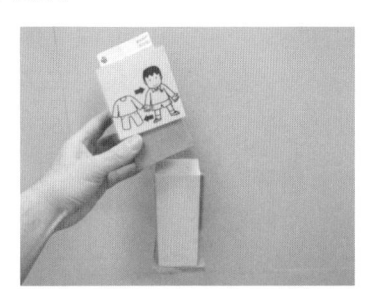

「500mlの牛乳パック（底面を切り取ったもの）」を空き箱（化粧品が入っていた）に通す

カードをカードケース（薄くて四角い箱）に入れる

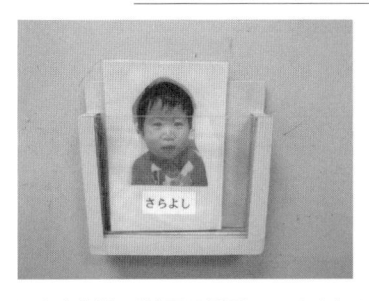

カードを木製箱（前面は透明フィルム）に入れる

カードをアクリルペン立て（100均購入）に入れる

カードを空き箱（バランス栄養食が入っていた箱の前面を切り，前面にプラスチック板を貼り付けた）に入れる

カードをカードポケット（100均購入）に入れる

❁ 学習課題…棒に通された筒を抜き取る

シート1の 3 棒に通された筒を抜き取る 課題ができる子どもは，どこまで引っ張れば手に入るのか（終点はどこなのか）を理解し，その方向に向かって「引っ張る」ことができます。そのような子どもに対しては，「筒」だけでなく，色々なものを活用して「引っ張る」「取る」課題を行うとよいでしょう。その際に，「カードを取り出すのか」「蓋を開けるとカードが出てくるのか」により色々な課題が考えられます。

⬇

カードを取り出すこと

封筒（リサイクル品）からカードを取り出す

紙袋（リサイクル品）からカードを取り出す

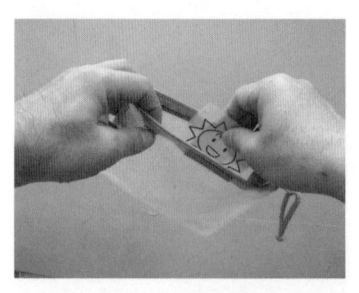

ジッパーケース（100均購入）からカードを取り出す

クリアーファイル（100均購入）からカードを取り出す

蓋を開けること…蓋が手に残る

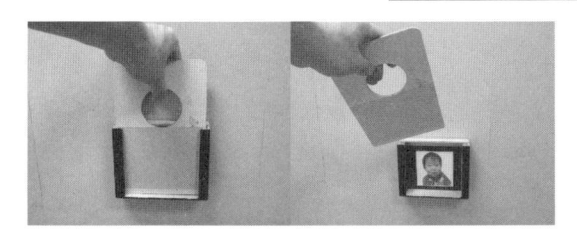

蓋をスライドさせて抜く（木工で手作り）

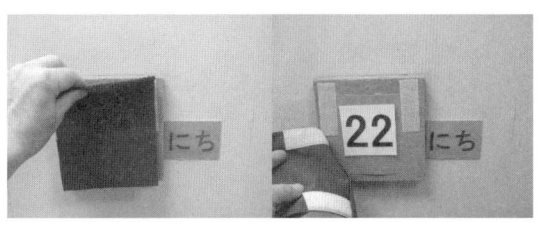

マジックテープが貼り付けてある布（共に100均購入）をはがす

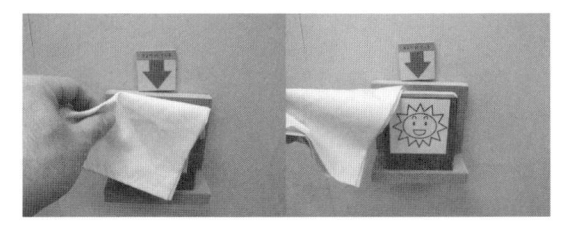

かぶせられた布を取る（木工で手作り）

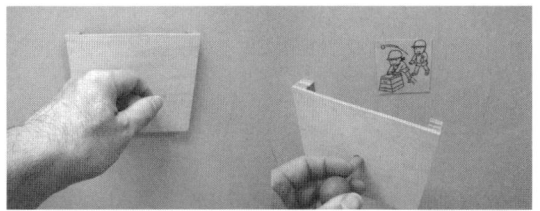

取っ手付きの蓋を取る（木工で手作り）

蓋を開けること…手に残らない

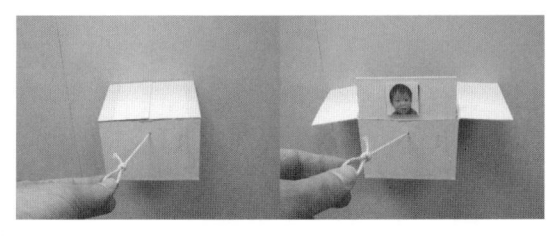

紐を引くとカードが飛び出す（洗濯洗剤の空き箱を利用して手作り）

カードケース（100均購入）を上方向に開ける

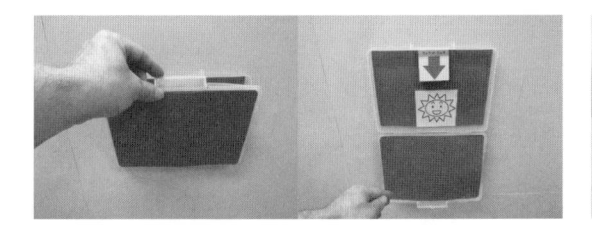

ハードクリアーケース（100均購入）の留め具を外して下方向に開ける

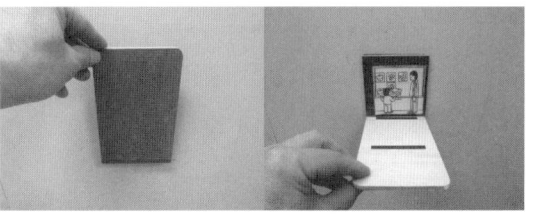

丁番の付いた板（木工で手作り）を下方向に開ける

第3章　指導の実践と教材の工夫例

❀ 学習課題…玉を容器の上で放す

シート1の 2 手渡された玉を容器の上で放す 課題では，入れるべき場所での微調整は必要ありません。おおよそ容器の上あたりで放せばよいのです。さらに，容器の上あたりで腕を伸ばすのが難しい子どもに対しては，教師が容器を持ち，子どもの手元に容器を近づけて，放すことを促します。朝の会で活用する際は，カードよりも大きいサイズの「お盆」「箱」「缶」等を用意するとよいと思います。

⬇

カードを箱・トレー・ホワイトボード・空き缶等の上で放す

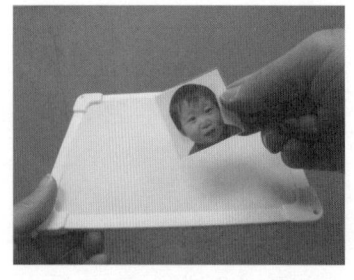

カードをホワイトボード（100均購入）の上で放す

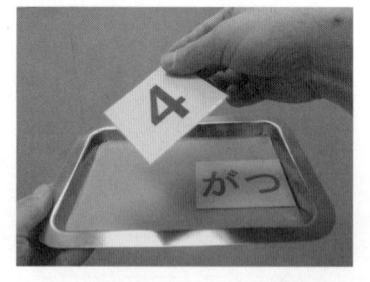

カードをステンレストレー（100均購入）の上で放す

カードをお菓子の入っていた箱（マグネットシートを底面に貼り付けた）の上で放す

カードをお菓子の入っていたスチール缶（リサイクル品）の上で放す

§5 「給食準備」での工夫

　給食は、食堂で食べる学校、教室で食べる学校の双方があるかと思います。私が経験した学校ではクラス（複数のクラスが合同になっている場合もあった）ごとにワゴンがあり、それを教室まで運び、教室で配膳するパターンが多かったです。本節では、その方法を想定し、その中で必要な活動として「台布巾（自分の口拭きタオル）を畳む」「机を拭く」「給食着あるいはエプロンを着る」「牛乳を配る」「お皿を配る」という5項目の活動に関しての指導・教材の工夫を紹介したいと思います。

1 台布巾を畳む

(1) シート3の子どもに対する工夫

　台布巾の角に印（色）を付けておき、印（色）と印（色）を合わせることをヒントに畳むように促しました。

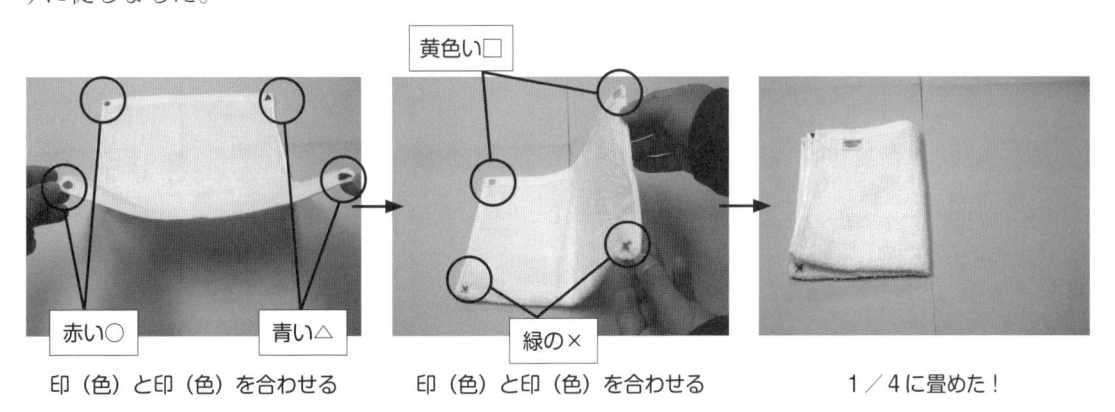

印（色）と印（色）を合わせる　　印（色）と印（色）を合わせる　　1／4に畳めた！

　さらには、印（色）と印（色）だけでは、ずれてしまったので、**折り目の線を油性マジックで書き**、分かりやすくしました。

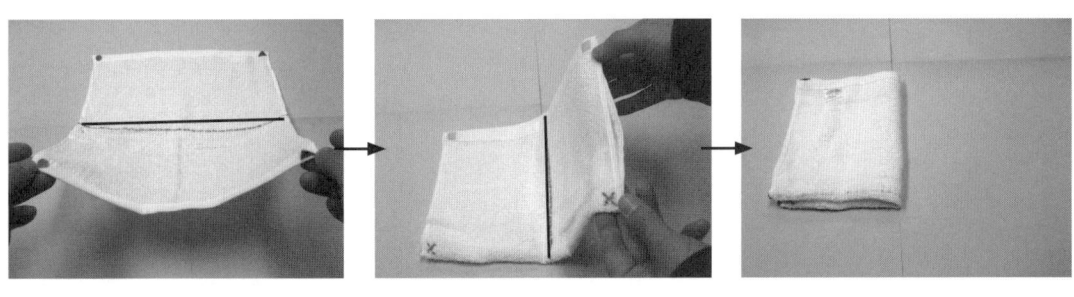

印（色）と印（色）を合わせる。　　印（色）と印（色）を合わせる。　　1／4に畳めた！
折り目にはラインがある　　　　　折り目にはラインがある

第3章　指導の実践と教材の工夫例　93

(2) シート2の子どもに対する工夫

　シート2の子どもだと，印（色）を頼りにするだけだと畳む時にずれてしまいます。折り目部分が必然的にずれないような工夫が必要と考えました。そして「布巾畳み専用装置1号」を作りました。

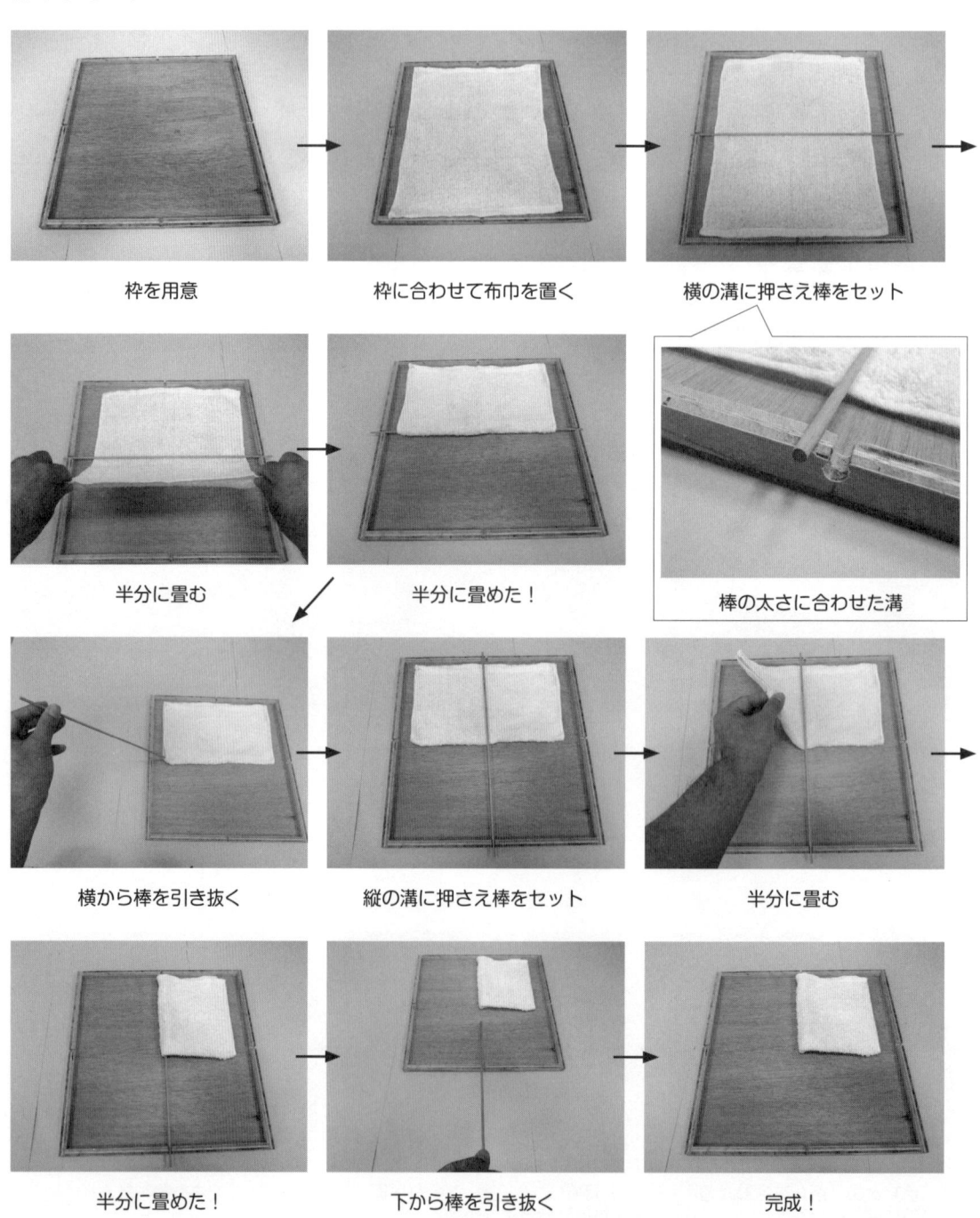

枠を用意　　　　　　　　枠に合わせて布巾を置く　　　　横の溝に押さえ棒をセット

半分に畳む　　　　　　　半分に畳めた！　　　　　　　　棒の太さに合わせた溝

横から棒を引き抜く　　　縦の溝に押さえ棒をセット　　　半分に畳む

半分に畳めた！　　　　　下から棒を引き抜く　　　　　　完成！

(3) シート1の子どもに対する工夫

シート1の子どもは,「布巾畳み装置1号」を活用したとしても,直接布巾に触る時に,「くしゃくしゃ」になってしまいました。そこで,直接布巾にさわらなくても畳めるような「布巾畳み装置2号」を作りました。

装置の仕組み

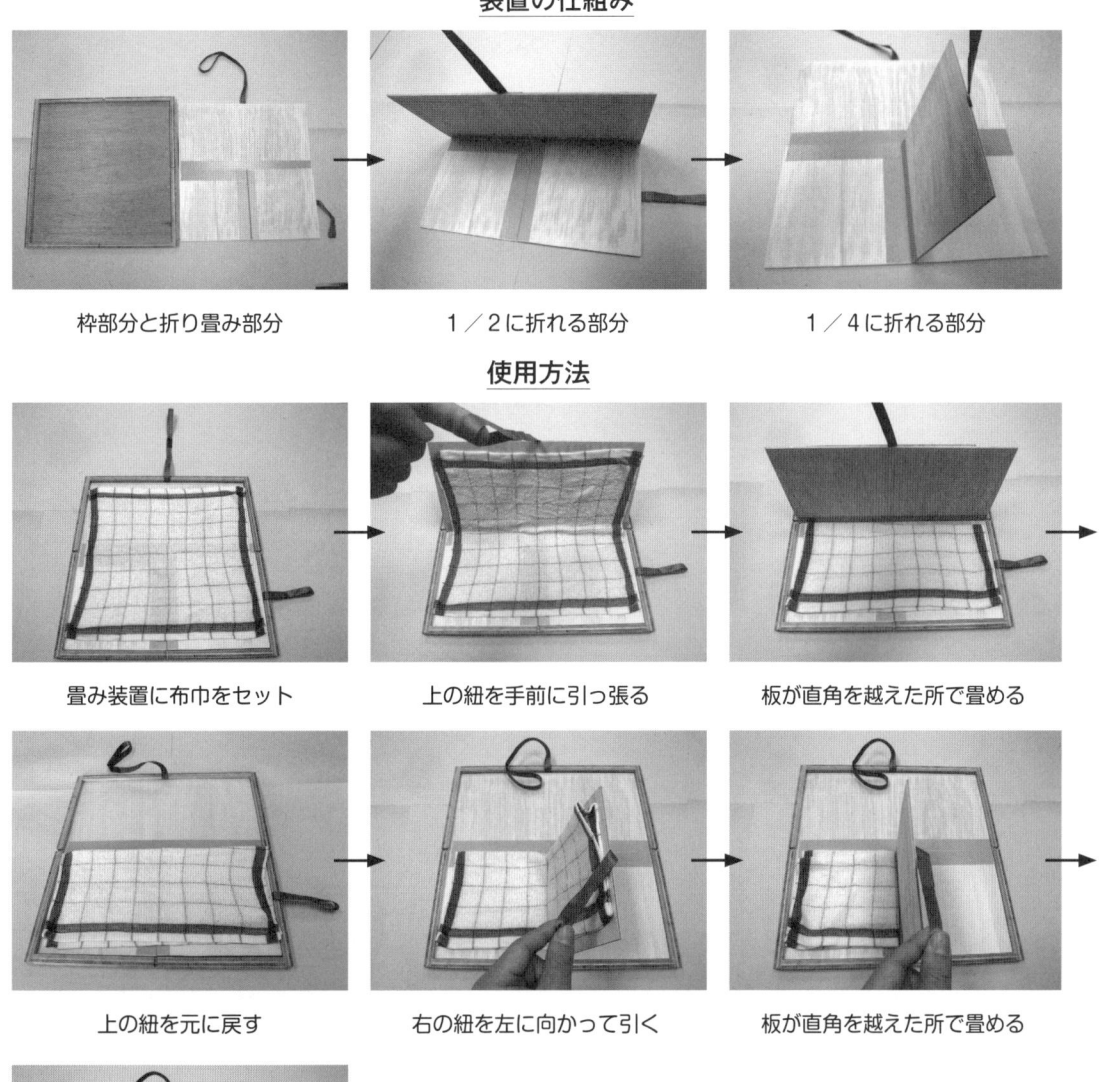

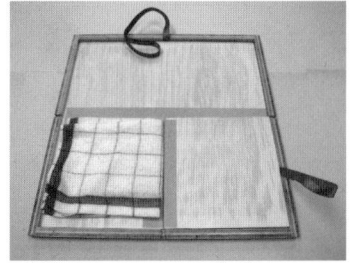

枠部分と折り畳み部分　　　1/2に折れる部分　　　1/4に折れる部分

使用方法

畳み装置に布巾をセット　　　上の紐を手前に引っ張る　　　板が直角を越えた所で畳める

上の紐を元に戻す　　　右の紐を左に向かって引く　　　板が直角を越えた所で畳める

右の紐を元に戻して完成！

2 机を拭く

(1) シート3の子どもに対する工夫

　机を拭く際，横方向に拭く場合は平行に，縦方向に拭く場合は垂直に拭いていかなければ，拭き残しが出てしまいます。よくあるのが，机の中心部分だけを「ぐるぐる」と丸く拭いて終わりにしてしまう拭き方です。そのような拭き方の子どものために，**給食台にテープを貼り**，拭く場所を区切って示しました。

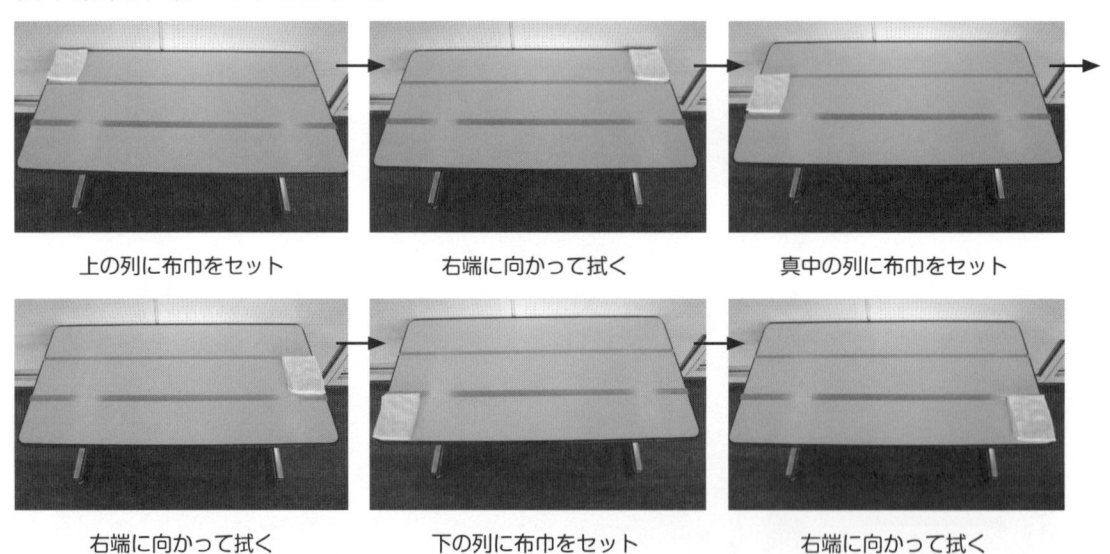

上の列に布巾をセット	右端に向かって拭く	真中の列に布巾をセット
右端に向かって拭く	下の列に布巾をセット	右端に向かって拭く

　1列拭き終わった後に，また同じ列に布巾をセットしてしまう子どもがいたため，端まで来たらそのまま下の列に下がるようにしました（**迷路方式**）。

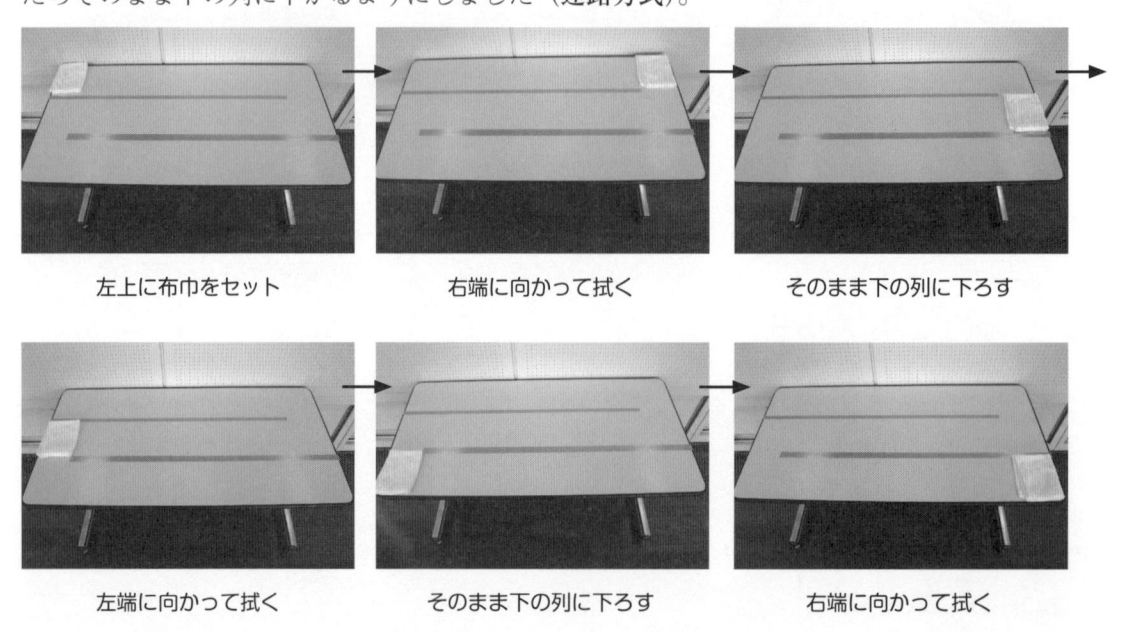

左上に布巾をセット	右端に向かって拭く	そのまま下の列に下ろす
左端に向かって拭く	そのまま下の列に下ろす	右端に向かって拭く

(2) シート2の子どもに対する工夫

シート2の子どもは,布巾をずらすことが難しかったです。そこで,少し手間ですが**布巾を3枚用意し,ずらさなくても済むようにしました**。

ひと拭きで台を拭ききるだけの台布巾をセット

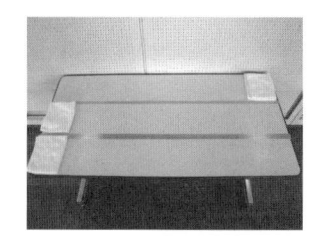

1枚目 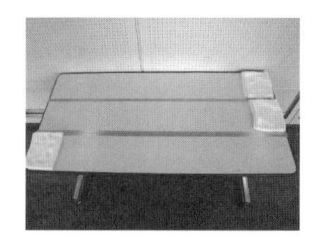　　　　　　　　2枚目 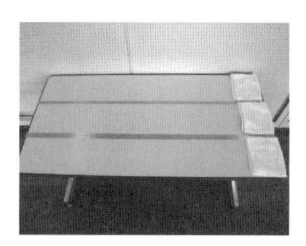　　　　　　　　3枚目

横に拭くことが難しい子どもがいたために,縦に拭くために6枚の布巾を用意しました。

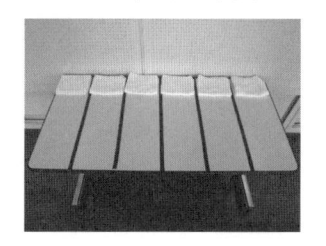

ひと拭きで台を拭ききるだけの台布巾をセット

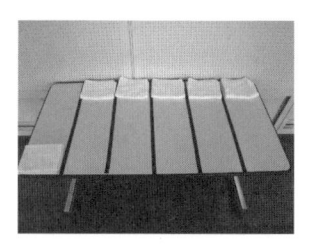

1枚目 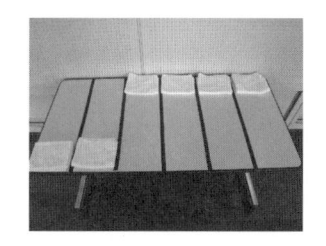　　　　　　　　2枚目 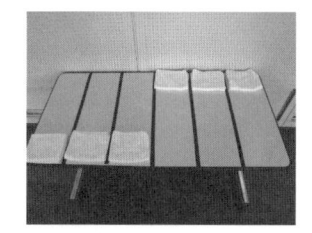　　　　　　　　3枚目

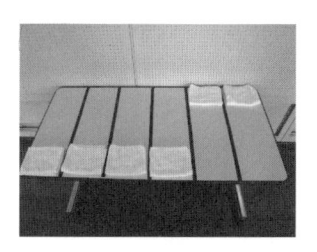

4枚目 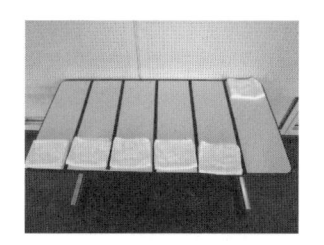　　　　　　　　5枚目 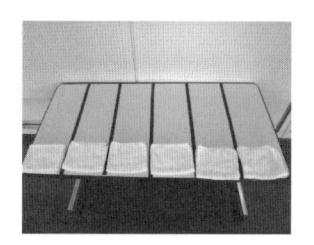　　　　　　　　6枚目

⑶ シート1の子どもに対する工夫

　布巾を複数枚用意し，並べて置いて拭いてもずれてしまう子どもに対しては，**板を置き**，拭く部分だけしか見えていない状況にしました。板が置いてあるので，拭き方がずれた時も板の縁にぶつかり，方向修正ができます。つまり，板を置くことで，必然的に真っ直ぐにしか拭けない環境になったのです。なお，拭く方向は，子どもが混乱しないように右方向に統一しました。これにより，上手く拭くことができました。

2列目，3列目は板を置き，1列目だけが空いた状況を作る

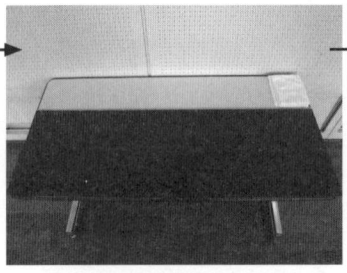

右に向かって拭く

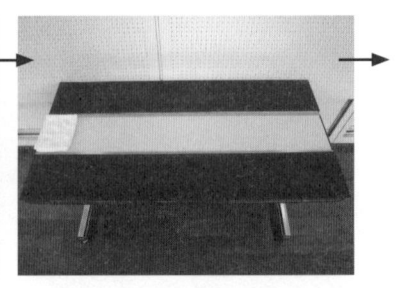

2列目の板を1列目にずらし，2列目だけ空いた状況を作る

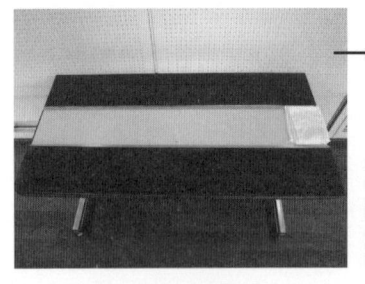

右に向かって拭く

3列目の板を2列目にずらし，3列目だけが空いた状況を作る

右に向かって拭く

横方向が難しい子どももいたので，手前方向に引いてくる方が簡単にできました。

一番左に台布巾をセット

下に向かって拭く

板を左に1枚ずらし，左から2番目を空ける

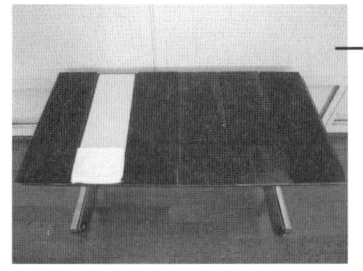

下に向かって拭く

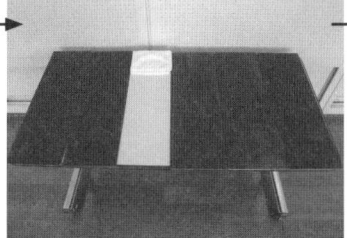

板を左に1枚ずらし，左から3番目を空ける

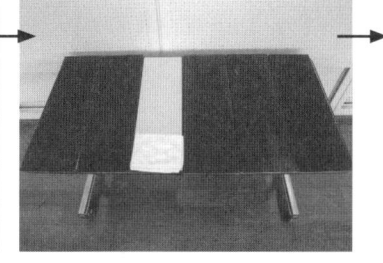

下に向かって拭く

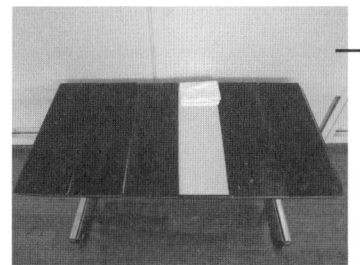

板を左に1枚ずらし，左から4番目を空ける

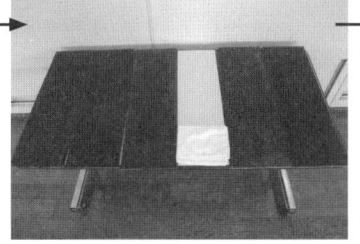

下に向かって拭く

板を左に1枚ずらし，左から5番目を空ける

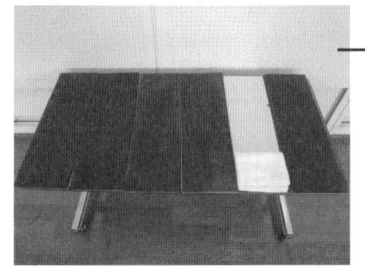

下に向かって拭く

板を左に1枚ずらし，左から6番目を空ける

下に向かって拭く

3 給食着を着る

　給食着には、前ボタン型と割烹着型（腕を通して、後ろを紐かマジックテープで留める）があります。また、エプロンを着用しているクラスもあるかと思います。市販のエプロンになるとさらに色々な種類があります。これらをタイプごとに並べてみるだけでも、着やすいものから、着にくいものまであります。給食着やエプロンで難しい場合は市販のスモッグを活用するとよいです。

【市販の給食着の例】

前ボタン型（シングルタイプ）	前ボタン型（ダブルタイプ）
割烹着型（後ろボタン）	割烹着型（後ろ紐）

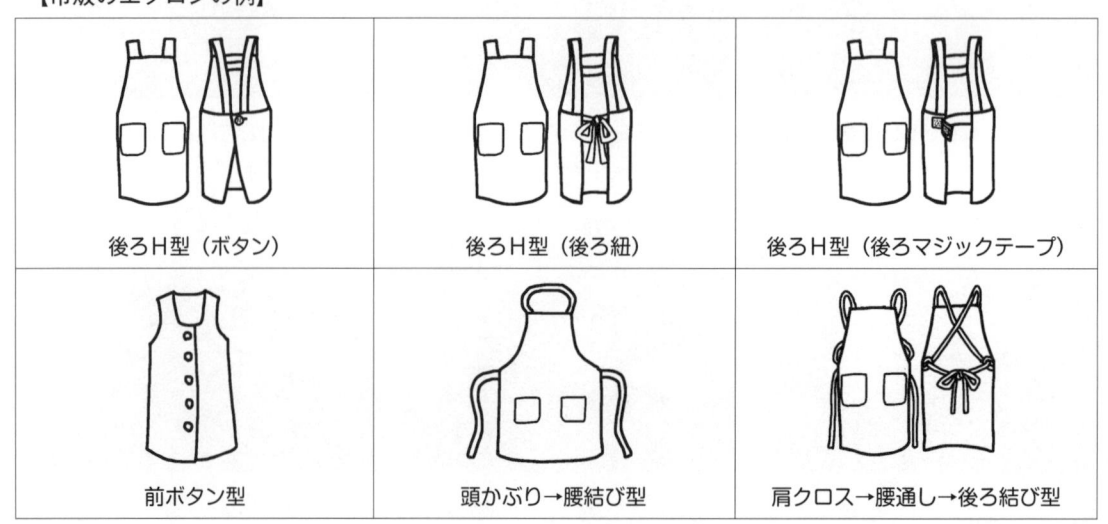

【市販のスモッグ】

かぶりタイプ

割烹着型（後ろマジックテープ）

【市販のエプロンの例】

後ろH型（ボタン）	後ろH型（後ろ紐）	後ろH型（後ろマジックテープ）
前ボタン型	頭かぶり→腰結び型	肩クロス→腰通し→後ろ結び型

(1) シート3の子どもに対する工夫

　市販のエプロンは後ろで留めるものが多いようです。そこで，「頭かぶり，後ろ結び」タイプのエプロンを改良しました。腰紐を一旦後ろでクロスし，前まで持ってきて，**前で留められるようにしました**。

前で結ぶ（左右の紐の色を変える）	前でボタンを留める（紐部分にボタンを取り付けた）	前でマジックテープを留める（紐にマジックテープを取り付けた）

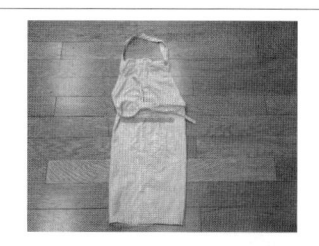

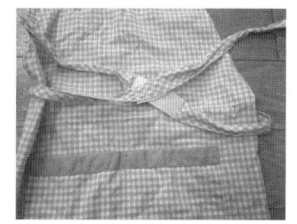

(2) シート2の子どもに対する工夫

　後ろで2本の紐をクロスして前に持ってくることが難しかったので，**紐を片方にして，片側をリング状の輪に変えました**。

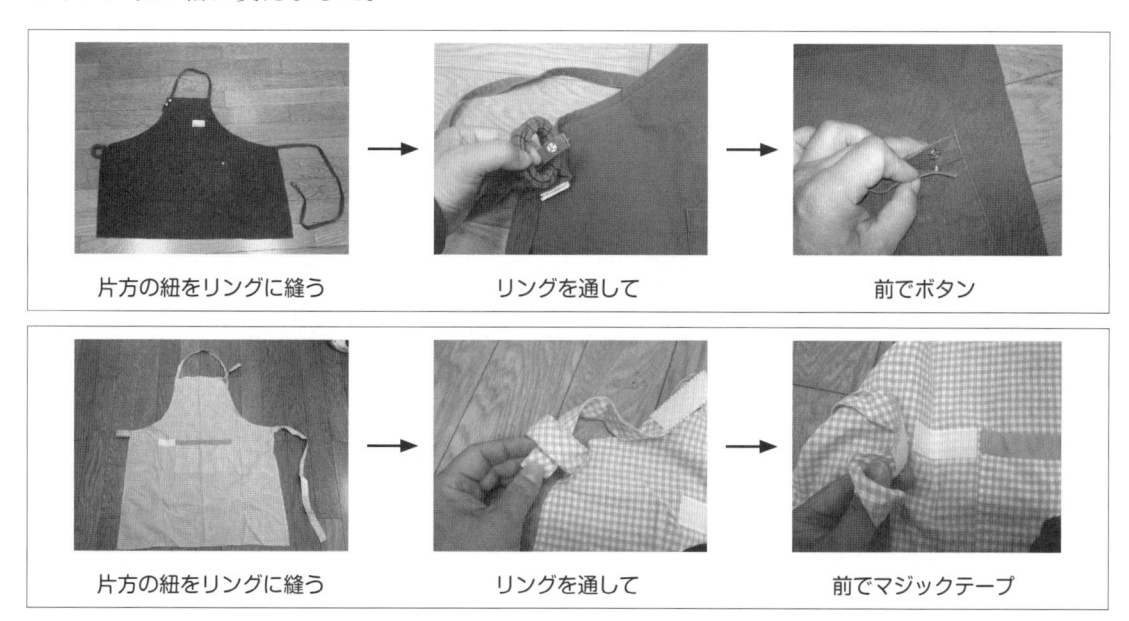

片方の紐をリングに縫う	リングを通して	前でボタン

片方の紐をリングに縫う	リングを通して	前でマジックテープ

第3章　指導の実践と教材の工夫例　101

(3) シート１の子どもに対する工夫

　後ろで紐やボタン，マジックテープを取り扱うのが難しいので，前ボタンタイプのエプロンにしましたが，ボタンホールにボタンを留めることが難しかったので，**ボタンを取り替えました**。

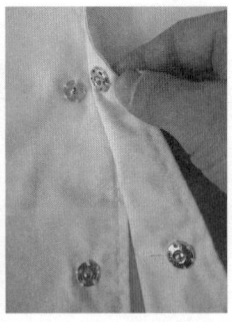

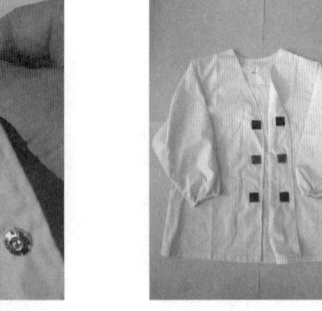

ボタンの種類を変える　　　　　　　　　　ボタンを全てマジックテープに変える

4　牛乳を配る

(1) シート３の子どもに対する工夫

　牛乳を配る際には，１つの机に対して１つの牛乳を対応させて置く必要があります。しかしながら，机は広く，机の上に口拭きタオルや給食袋等が置いてある状態になっていることも多く，１つの机に２本の牛乳を置いてしまう子どももいました。

　そこで，クラス全員の子どもに協力してもらい，牛乳の配膳が終わるまでは口拭きタオルや給食袋等は机の中に入れるようにしました。その上で机の上に，印となる「**丸折り紙**」を置き牛乳を配る際の目印にしました。４人分の牛乳を配膳する場合は，なるべく，配る位置が近くなるよう工夫し，移動しないで配れるようにしました。

丸折り紙はラミネートする　　　　折り紙の上に置く　　　　　　　全部配れた！

(2) シート2の子どもに対する工夫

　机上に「丸折り紙」が目印として置いてあったとしても，その目印に関係なく1つの机に2本以上の牛乳を置いてしまう子どももいました。

　そこで「ペン立て」を活用し，その中に牛乳を入れるように促しました。

目印に筒を置く　　　　　　筒に牛乳を入れる　　　　　　一対一対応させて配れた！

　上写真のような配置だと，手前側2つには牛乳瓶をペン立てに入れられても，奥側に入れることは難しかったです。そこで，**横1列に並べられたお盆の上に牛乳を配る方法**に変えました。これにより，牛乳を配ることができるようになった子どももいました。

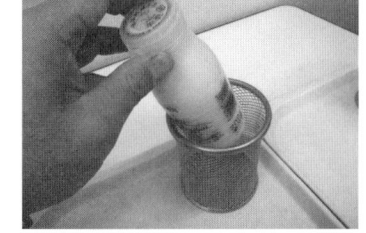

目印に筒を置く　　　　　　筒に牛乳を入れる　　　　　　一対一対応させて配れた！

(3) シート1の子どもに対する工夫

　机上に置かれたペン立てやお盆に並べられたペン立てに牛乳を入れに行くことは，移動を伴うため難しい子どももいました。そこで，友達に協力してもらいました。友達にペン立てを持ってもらい，そこに牛乳を入れるようにしました。つまり対象の子どもの課題は，「**牛乳を取り，友達が差し出すペン立てに入れる**」ことに絞り，机に配膳するのは友達にやってもらいました。

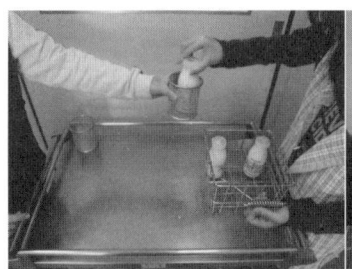

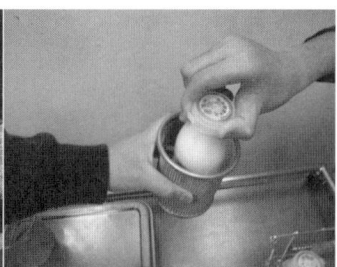

牛乳瓶を取り出して　　　　　　友達が持つペン立てに入れる

第3章　指導の実践と教材の工夫例　103

5 お皿を配る

(1) シート3の子どもに対する工夫

　ワゴンを取りに行った際，給食室前に展示される配膳の見本をデジタルカメラで写真に撮ります。教室に帰ってきて，その**デジカメ映像を見本にして配膳**するようにしました。

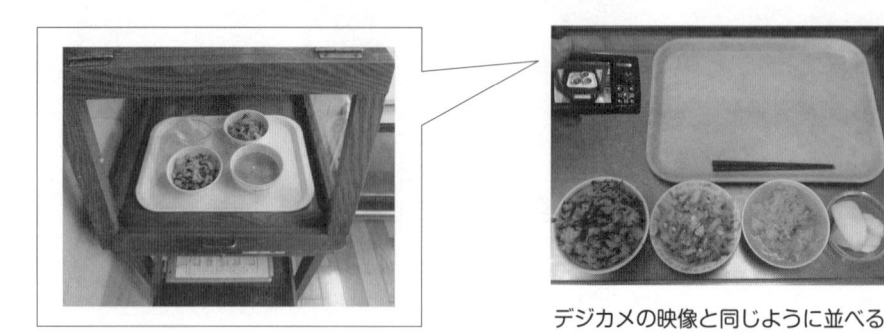

デジカメの映像と同じように並べる

(2) シート2の子どもに対する工夫

　お盆の縦・横，それぞれの長さより1～2cm長い1.5cm四方の角棒を用意します。その**角棒でお盆を仕切り**，お盆を4つの部屋に分割します（その日のお皿の数に合わせて分割する部屋数や分割するスペースの広さを変えます）。そして，1つの部屋に，1枚のお皿を対応させて配るよう促します（下の写真では，空のお皿を配膳していますが，実際は，食べ物をよそった上で配膳することが多いかと思います）。

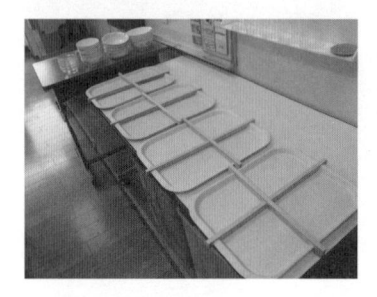

お盆ごとに枠をかぶせる　　　1つの枠に1枚の食器を配膳　　　配膳完成！

(3) シート1の子どもに対する工夫

　クラス全員分の食器配膳だと，お皿の数が多すぎて分からなくなってしまう子どもがいました。そこで，個々の子どもが自分のお盆に配膳するようにしました。さらに，お盆を枠で区切るだけでは，1つの部屋に対して強引に2つの食器を置こうとする子どももいました。そこで**食器を置くスペース以外に蓋をし，食器を置くスペースが強調される**よう工夫しました。

デザート碗がのる場所だけ　　　　野菜小鉢碗がのる場所だけ　　　　最後は空いている所に

§6 「掃除」での工夫

　掃除は，自分の教室を清潔に保つために欠かせない活動です。「日常生活の指導」の範囲だけでなく，学校の特別教室等をきれいにしたり，校外の公園や施設などをきれいにしたりする活動を「生活単元学習」や「キャリア教育」の一環として行うことにも発展させられます。
　今回は，その中でも基本となる「ほうき」「雑巾」に着目し，「床をほうきで掃く」「ちり取りを用いてごみを取る」「バケツに水をくむ」「床を雑巾がけする」「雑巾を干す」という5項目の活動に関しての指導・教材の工夫を紹介したいと思います。

1　床をほうきで掃く

(1)　シート3の子どもに対する工夫

　ほうきで床を掃く時に同じ個所を何回繰り返して掃くのかはっきりせず，掃くというよりはほうきを引きずったまま進んでしまう子どもがいました。また，その子どもとは逆に，同じ個所ばかりを掃いていてなかなか先に進まない子どももいました。それらの子どものために，目印の旗（100均購入のカードスタンドを活用）を2本立てました。旗には掃く回数を示しました。そして，旗と旗の間を，決められた回数だけ掃くよう促しました。決められた回数掃いたら，手前側の旗を奥に持っていき，同様に旗と旗の間を決められた回数を掃くようにすると上手くいきました。

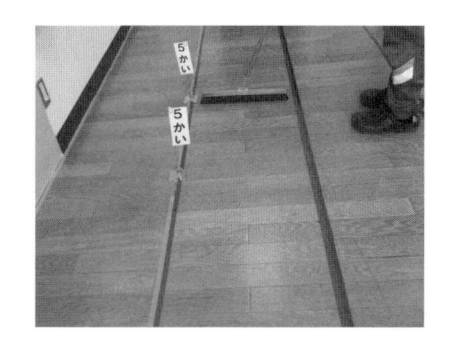

(2) シート2の子どもに対する工夫

　教室に大きいゴミが落ちていれば気付いても，小さいゴミだと気付きにくいです。そこで新聞紙を15cm四方程度に切ってまき，新聞紙を掃くようにしました。それにより，何を掃くかがはっきりしました。

(3) シート1の子どもに対する工夫

　ほうきそのものの扱いができない子どもがいました。そこで，自在ほうきを分解して，先端部分をキャスター付きの箱に取り付けました。キャスターは直線にしか動かないキャスターを取り付けました。柄の部分を箱に取り付けて，柄の部分を持って手前に動かすとゴミが取れるように工夫しました。

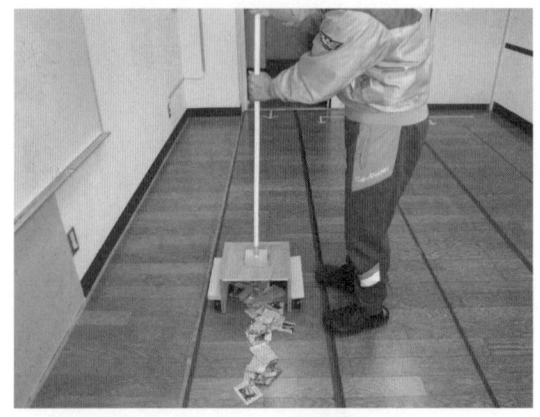

2 ちり取りでゴミを取る

(1) シート3の子どもに対する工夫

　片手で手持ちタイプのちり取りを持ち，片手でほうきを扱うのが難しい子どもがいました。そのような子どもに対しては「鉄道ちり取り」を用意しました。

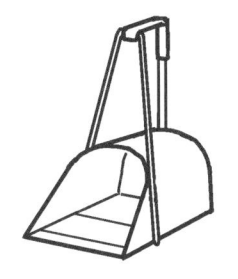

(2) シート2の子どもに対する工夫

　「鉄道ちり取り」を使っても，「鉄道ちり取り」に向かってごみを掃くことが難しい子どもがいたのでちり取りの側面に木材でガイドを付けました。

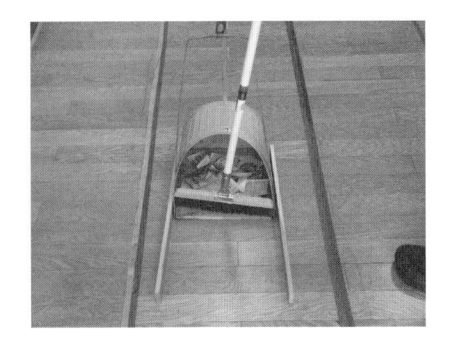

(3) シート1の子どもに対する工夫

　ほうきを扱うことそのものが難しい子どもがいたので，ほうきにもガイドを付けました。ガイドによりほうきが前後にしか動かないので，シート1の子どもでも動かすことができました。

3 バケツに水をくむ

(1) シート3の子どもに対する工夫

　バケツの内側にビニールテープを貼り，「ここまで入れる」という印（ライン）を明確に示しました。

ビニールテープで印（ライン）　　蛇口をひねり水を入れる　　印の所で水を止める

(2) シート2の子どもに対する工夫

　印（ライン）だけでは分かりにくく，印（ライン）を越えても，水を止めようとしないため，結局バケツから水があふれ出てしまう子どももいました。そこで，印（ライン）よりも分かりやすいものはないかと思案し，思いついたのがシャンプーハットです。シャンプーハットを丸く切ってバケツの中にはめ込み，シャンプーハットから水があふれ出した所で止めるようにしました。

シャンプーハット　　蛇口をひねり水を入れる　　シャンプーハットの上に水がはみ出さないように！

(3) シート1の子どもに対する工夫

　蛇口をひねることそのものも難しい子どももいました。そこで，ペットボトルの水をバケツに入れる方法にしました。ペットボトルの水がなくなれば必然的に終わりになるので分かりやすかったです。

2Lのペットボトル　　ペットボトルから水を入れる　　水がなくなったら必然的に終了

4　床を雑巾がけする　その1（床の道しるべに関して）

(1)　シート3の子どもに対する工夫

　自分が拭く場所と友達が拭く場所の区別をしやすくするために，床にテープを貼りました。テープは色分けして，個々の拭くレーンを分かりやすくしました。「同じレーンを折り返して帰ってくる」パターンと「端まで行ったら隣のレーンにずれて折り返してくる」パターンの2パターンのレーンを作りました。

ビニールテープを床に貼りラインにする	 同じレーンを折り返して帰ってくるパターン	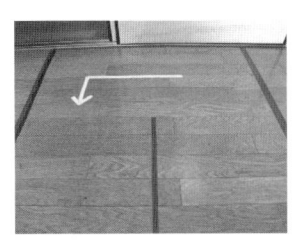 隣のレーンにずれて折り返してくるパターン

(2)　シート2の子どもに対する工夫

　ラインだけだと，雑巾がけをする際にずれていってしまいます。クラスの子どもが一斉に雑巾掛けすると，向かい側から来る子どもと正面衝突してしまう場面も見られました。そこで，空き瓶を並べて目印にしました（空き瓶の代わりに空き缶，ミニカラーコーン，水の入ったペットボトル等を活用してもよいかと思います）。

ラインに沿って空き瓶を置く	 空き瓶を倒さないように雑巾がけをする	 友達と正面衝突しないようにすれ違える

(3)　シート1の子どもに対する工夫

　空き瓶を倒してレーンから外れていく子どももいたため，木材を置きレーンにしました。

ラインに沿って木材を置く	 木材にぶつかると方向修正	 友達と正面衝突しない

第3章　指導の実践と教材の工夫例

5 床を雑巾がけする その2（雑巾の持ちやすさに関して）

(1) シート3の子どもに対する工夫

　雑巾がけをする際に，手を開かずに雑巾を握り込むようにしてしまう子どもがいました。そこで，雑巾にマジックで手形を書き，雑巾の上で手を開くように促しました。

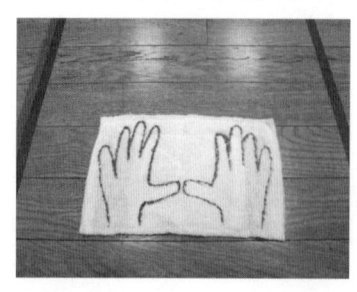

子どもの手の大きさに合わせた手形

手形に合わせて手を置き，雑巾がけをする

(2) シート2の子どもに対する工夫

　マジックで書いた手形の上に手を置くように促したとしても，結局，握るように手を置いてしまう子どももいました。そこで，雑巾に板を貼り付け，必然的に雑巾が丸まらないようにしました。

板に雑巾を貼り付ける

持ち手部分にもう1枚板を貼り持ちやすくした

(3) シート1の子どもに対する工夫

　雑巾がけをする時，高ばいの姿勢を取ることが難しい子どもがいました。そこで箱を用意し，箱の下に雑巾を貼り付けるようにしました。箱を押すことで床面よりも高い位置に手を置くことができるため，深くかがまなくて済みます。箱の大きさ，高さを調節して，その子どもの取りやすい姿勢に合わせました。

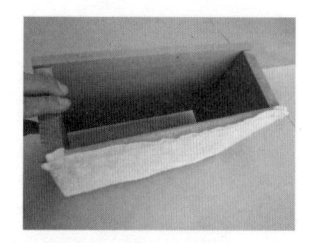

箱に雑巾を貼り付ける

箱の側面は空洞にしておくと，そこに手を入れて持ちやすい

6 雑巾を干す

(1) シート3の子どもに対する工夫

雑巾の中心部分にマジックで線をかき,半分に折る位置の目印にしました。

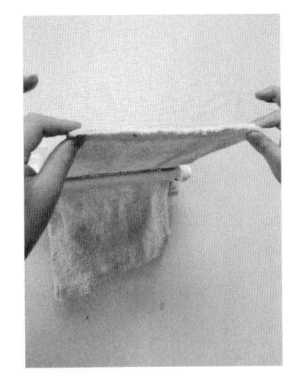

(2) シート2の子どもに対する工夫

雑巾を半分に折って掛けることが難しかったので,雑巾を開いたまま,端と端を洗濯ばさみで留めるようにしました。洗濯ばさみで留める位置にマジックで色を付けました。

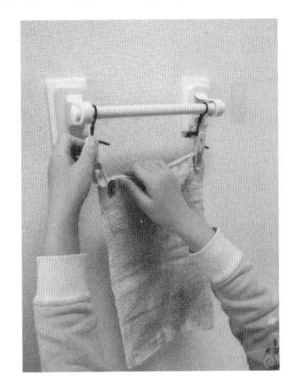

(3) シート1の子どもに対する工夫

洗濯ばさみで留めることが難しかったので,雑巾の両端に紐を縫い付け,端と端をフックに掛けるようにしました。

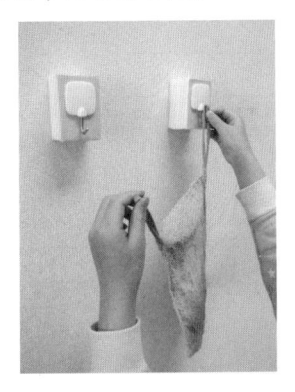

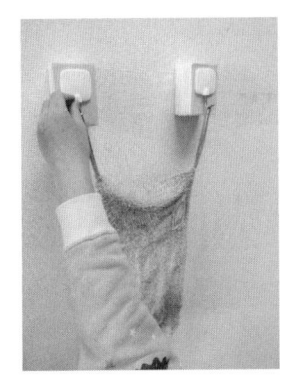

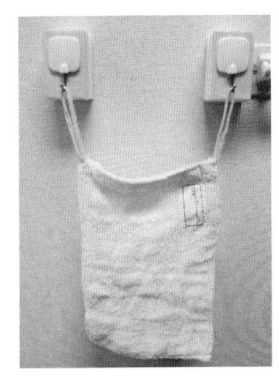

■CD収録内容（コピー可）

イラスト一覧

以下の画像はデータが付属の CD-ROM に収録されています。
画像は，それぞれモノクロとカラーの2種類のデータが収録されています。

§1 「玄関」での工夫

1-1 バス	1-2 上履き	1-3 靴	1-4 長靴	1-5 かさ①	1-6 かさ②
1-7 レインコート	1-8 レインハット	1-9 靴箱	1-10 玄関	1-11 バス降りる	1-12 バス乗る
1-13 靴を脱ぐ	1-14 靴を履く	1-15 上履きを脱ぐ	1-16 上履きを履く	1-17 靴→靴箱	1-18 靴箱→靴
1-19 上履き→靴箱	1-20 靴箱→上履き	1-21 上履き「右」	1-22 上履き「左」		

§2 「荷物整理」での工夫

2-1 ランドセル	2-2 リュック	2-3 手提げ袋	2-4 籠	2-5 ファイル①	2-6 ファイル②
2-7 ファイル③	2-8 連絡帳①	2-9 連絡帳②	2-10 給食袋	2-11 水筒	2-12 着替え袋

2-13 手拭きタオル	2-14 ファイルを出す	2-15 ファイルを籠に	2-16 連絡帳①出す	2-17 連絡帳①籠に	2-18 連絡帳②出す
2-19 連絡帳②籠に	2-20 給食袋を出す	2-21 給食袋を籠に	2-22 水筒を出す	2-23 水筒を籠に	2-24 着替え袋を出す
2-25 着替えを籠に	2-26 手拭きを出す	2-27 手拭きをフックに	2-28 荷物整理（朝）	2-29 荷物整理（帰）	

§3 「着替え」での工夫

3-1 Tシャツ	3-2 ポロシャツ	3-3 長袖Tシャツ	3-4 ボタンシャツ	3-5 トレーナー	3-6 ハーフジップトレーナー
3-7 フード付きトレーナー	3-8 ジャンパー	3-9 ズボン	3-10 半袖体育着	3-11 体育着ズボン	3-12 ジャージ上
3-13 ジャージ下	3-14 着替え①	3-15 着替え②	3-16 着替え③	3-17 着替え④	3-18 着替え⑤
3-19 着替え⑥	3-20 着替え⑦	3-21 着替え⑧	3-22 ジャンパー①	3-23 ジャンパー②	3-24 ジャンパー③

113

3-25 ジャンパー④	3-26 ジャンパー⑤	3-27 ボタン①	3-28 ボタン②	3-29 ボタン③	3-30 ボタン④
3-31 ボタン⑤	3-32 ボタン⑥	3-33 ズボン①	3-34 ズボン②	3-35 ズボン③	3-36 ズボン④
3-37 ズボン⑤	3-38 ズボン⑥	3-39 ズボン⑦	3-40 ズボン⑧	3-41 頭脱ぎ①	3-42 頭脱ぎ②
3-43 頭脱ぎ③	3-44 頭脱ぎ④	3-45 頭脱ぎ⑤	3-46 頭脱ぎ⑥	3-47 頭脱ぎ⑦	3-48 袖脱ぎ①
3-49 袖脱ぎ②	3-50 袖脱ぎ③	3-51 袖脱ぎ④	3-52 袖脱ぎ⑤	3-53 袖脱ぎ⑥	3-54 袖脱ぎ⑦
3-55 裾脱ぎ①	3-56 裾脱ぎ②	3-57 裾脱ぎ③	3-58 裾脱ぎ④	3-59 裾脱ぎ⑤	3-60 ブティック①
3-61 ブティック②	3-62 ブティック③	3-63 ブティック④	3-64 ブティック⑤	3-65 ブティック⑥	3-66 ブティック⑦

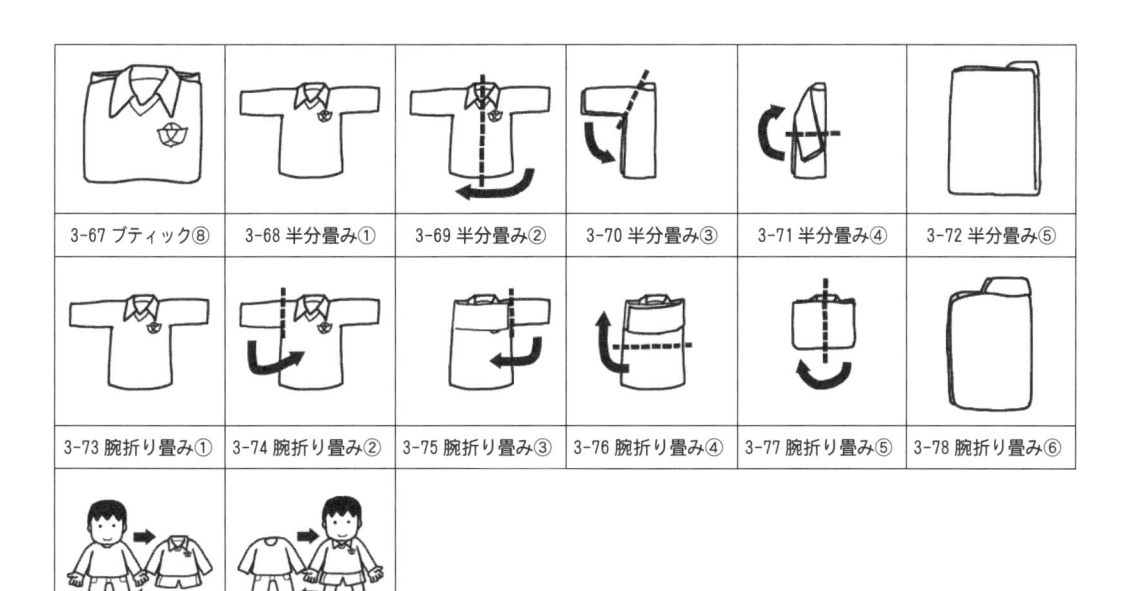

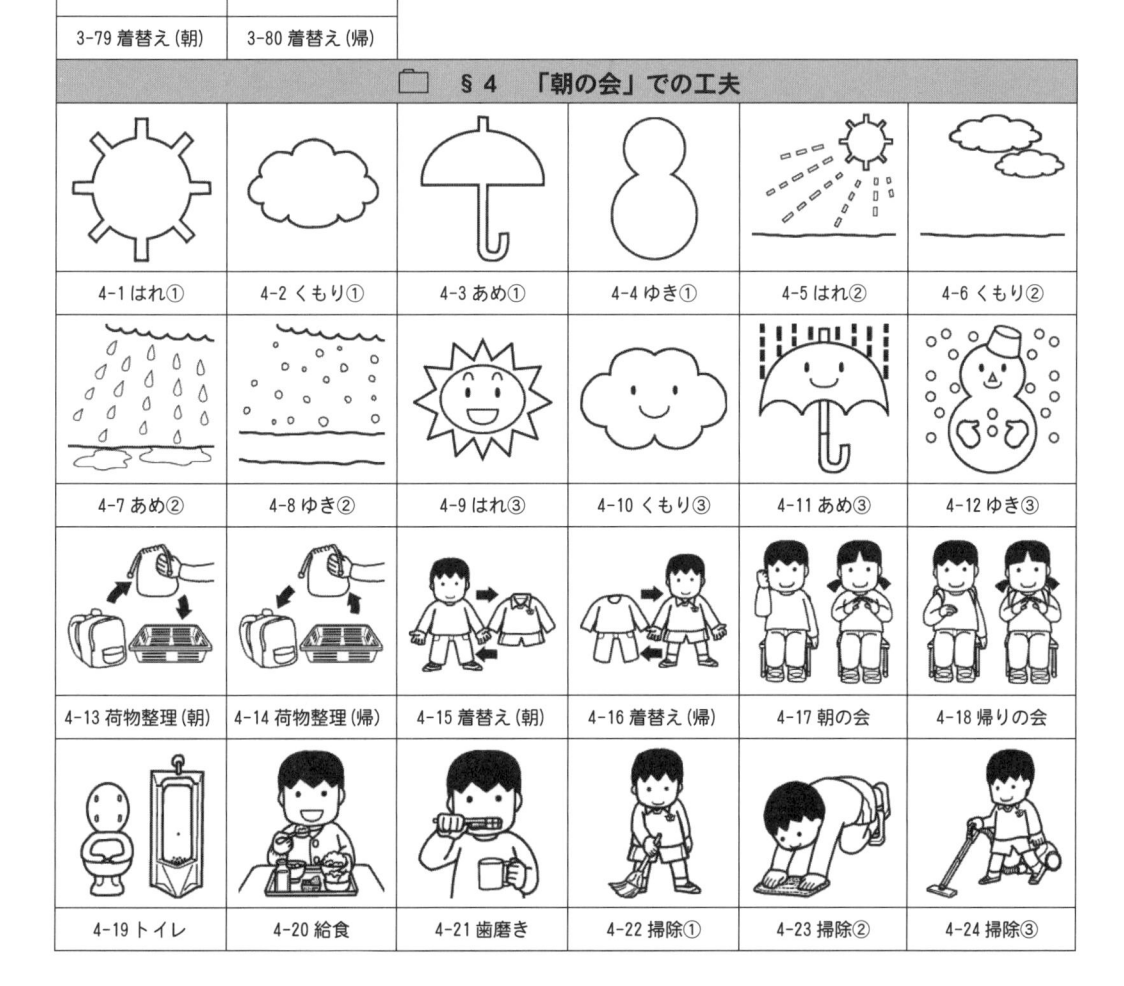

3-67 ブティック⑧	3-68 半分畳み①	3-69 半分畳み②	3-70 半分畳み③	3-71 半分畳み④	3-72 半分畳み⑤
3-73 腕折り畳み①	3-74 腕折り畳み②	3-75 腕折り畳み③	3-76 腕折り畳み④	3-77 腕折り畳み⑤	3-78 腕折り畳み⑥
3-79 着替え(朝)	3-80 着替え(帰)				

§4 「朝の会」での工夫

4-1 はれ①	4-2 くもり①	4-3 あめ①	4-4 ゆき①	4-5 はれ②	4-6 くもり②
4-7 あめ②	4-8 ゆき②	4-9 はれ③	4-10 くもり③	4-11 あめ③	4-12 ゆき③
4-13 荷物整理(朝)	4-14 荂物整理(帰)	4-15 着替え(朝)	4-16 着替え(帰)	4-17 朝の会	4-18 帰りの会
4-19 トイレ	4-20 給食	4-21 歯磨き	4-22 掃除①	4-23 掃除②	4-24 掃除③

4-25 バス	4-26 マラソン	4-27 個別学習	4-28 国語・算数	4-29 音楽	4-30 図工
4-31 体育	4-32 プール	4-33 遊び	4-34 生活単元	4-35 作業	4-36 社会性
4-37 測定	4-38 健診	4-39 避難訓練	4-40 集会	4-41 交流	4-42 学習発表会
4-43 運動会	4-44 遠足	4-45 修学旅行	4-46 お弁当	4-47 ○○式	

★★★サイン★★★

4-48 にもつせいり	4-49 きがえ	4-50 あさのかい	4-51 かえりのかい	4-52 といれ	4-53 きゅうしょく
4-54 はみがき	4-55 そうじ（ほうき）	4-56 そうじ（ぞうきん）	4-57 そうじ（そうじき）	4-58 ばす	4-59 まらそん
4-60 こべつがくしゅう	4-61 こくご・さんすう	4-62 おんがく	4-63 ずこう	4-64 たいいく	4-65 プール
4-66 あそび	4-67 せいかつ	4-68 さぎょう	4-69 しゃかい	4-70 たいじゅうそくてい	4-71 けんしん
4-72 ひなんくんれん	4-73 しゅうかい	4-74 こうりゅう	4-75 うんどうかい	4-76 がくしゅうはっぴょうかい	4-77 えんそく

4-78 しゅうがくりょこう	4-79 おべんとう	4-80 しぎょうしき	4-81 しゅうぎょうしき	4-82 にゅうがくしき	4-83 そつぎょうしき
4-84 りにんしき	4-85 クラブ				

§5 「給食準備」での工夫

5-1 ごはん	5-2 味噌汁	5-3 パン	5-4 すぷーん	5-5 ふぉーく	5-6 はし
5-7 口拭きタオル	5-8 給食帽	5-9 マスク	5-10 前ボタンシングル	5-11 前ボタンダブル	5-12 かぶりタイプ
5-13 割烹着（後ろボタン）	5-14 割烹着（後ろ紐）	5-15 割烹着（後ろマジックテープ）	5-16 後ろH型（ボタン）	5-17 後ろH型（後ろ紐）	5-18 後ろH型（後ろマジックテープ）
5-19 前ボタン型	5-20 頭かぶり→腰結び型	5-21 肩クロス→腰通し→後ろ結び	5-22 わごん	5-23 はいぜんだい	5-24 手を洗う①
5-25 手を洗う②	5-26 給食着を着る	5-27 給食帽をかぶる	5-28 台拭きを絞る	5-29 机を拭く	5-30 配膳台を拭く
5-31 ワゴンを押す	5-32 配膳台にお盆を並べる	5-33 机に牛乳を配る	5-34 スプーン配り	5-35 フォーク配り	5-36 箸配り

117

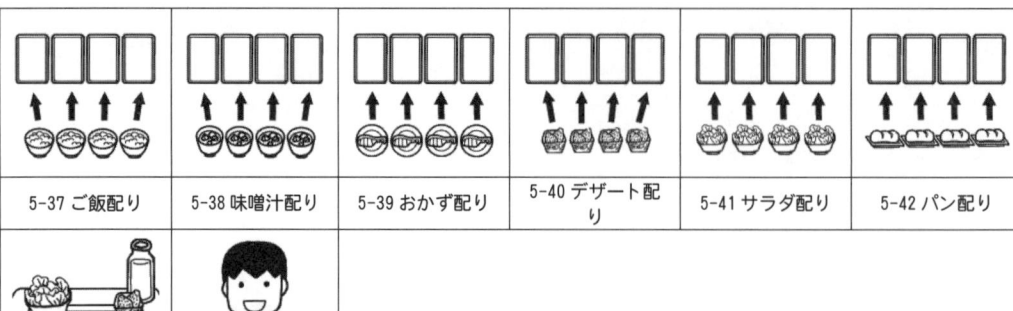

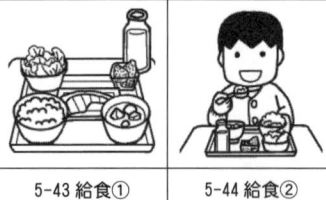

5-37 ご飯配り	5-38 味噌汁配り	5-39 おかず配り	5-40 デザート配り	5-41 サラダ配り	5-42 パン配り
5-43 給食①	5-44 給食②				

§6 「掃除」での工夫

6-1 つくえ	6-2 いす	6-3 ほうき	6-4 じざいほうき	6-5 ちりとり①	6-6 ちりとり②
6-7 ちりとり③	6-8 そうじき	6-9 ワイパー	6-10 ぞうきん	6-11 バケツ	6-12 モップ
6-13 モップしぼり	6-14 ごみばこ（もえる）	6-15 ごみばこ（もえない）	6-16 つくえをはこぶ	6-17 いすをはこぶ	6-18 ほうきではく
6-19 自在箒ではく	6-20 掃除機をかける	6-21 ワイパーがけ	6-22 雑巾をゆすぐ	6-23 雑巾を絞る	6-24 雑巾がけ
6-25 雑巾を干す	6-26 モップがけ	6-27 モップ絞り	6-28 ごみをとる	6-29 ごみすて	6-30 ごみの分別

📁 教　室

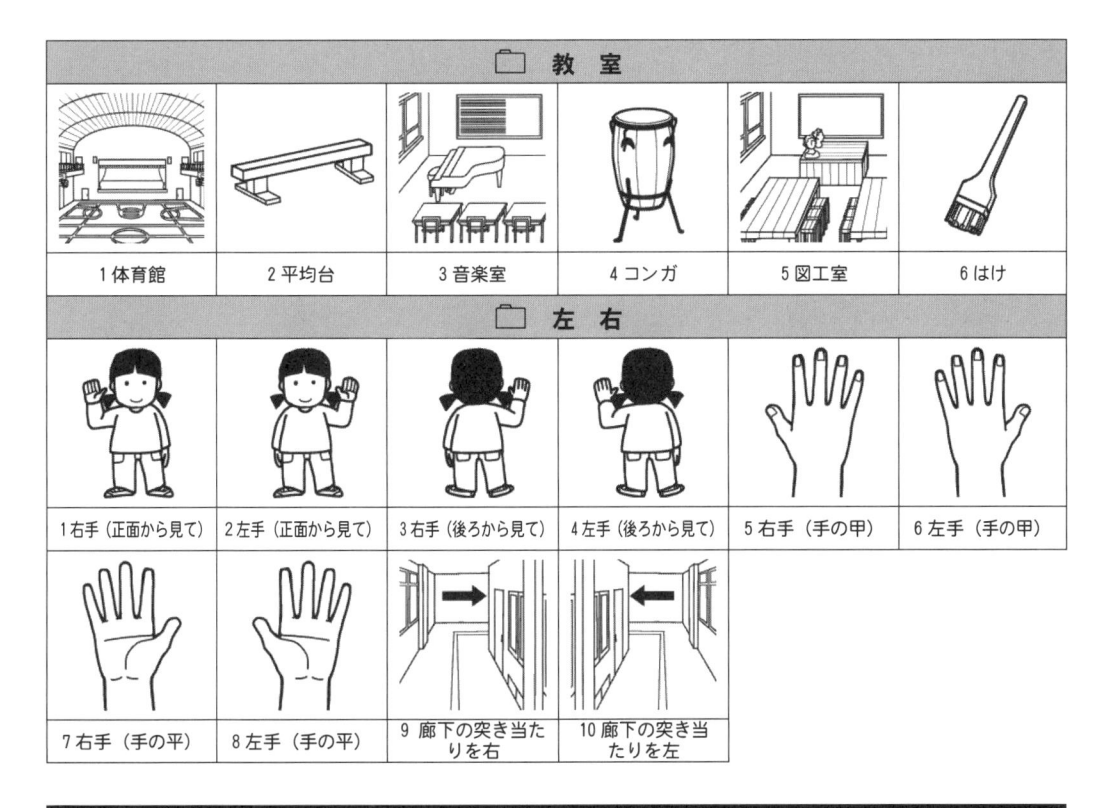

| 1 体育館 | 2 平均台 | 3 音楽室 | 4 コンガ | 5 図工室 | 6 はけ |

📁 左　右

| 1 右手（正面から見て） | 2 左手（正面から見て） | 3 右手（後ろから見て） | 4 左手（後ろから見て） | 5 右手（手の甲） | 6 左手（手の甲） |

| 7 右手（手の平） | 8 左手（手の平） | 9 廊下の突き当たりを右 | 10 廊下の突き当たりを左 |

雛形ワードファイル

🔘 以下がマイクロソフト社ワードファイルのデータで CD-ROM に収録されています。
　クラスの状況にあわせて改訂し、ご活用ください。

朝の会のタグ.doc
天気絵カード（5×5cm）.doc
天気絵カード（8×8cm）.doc
天気平仮名カード（5×5cm）.doc
天気平仮名カード（8×8cm）.doc
天気平仮名カード（色別で8×8cm）.doc
日付カード（12×12cmはめ板用）.doc
日付カード（5×5cm）.doc
日付カード（8×8cm）.doc
日付カード（色別で8×8cm）.doc
日付カード（大きさ別5×5cm、5×4cm、5×3cm）.doc
板書例　(枠)天気.doc
板書例　(枠)日付.doc

板書例（枠）名前出欠確認.doc
板書例（枠）名前数導入期.doc
板書例（枠）名前文字導入期.doc
板書例（枠）予定5×5cm・5×8cmの2枠.doc
板書例（枠）予定5×5cmが1枠.doc
板書例（枠）予定5×5cmが2枠.doc
名前数字・ドットカード（5×5cm）.doc
名前文字カード（2.5×2.5cm）.doc
予定絵・平仮名カード（5×5cm、5×8cm）.doc
予定絵・平仮名カード（教室名5×5cm、5×8cm）.doc
予定絵カード（5×5cm）.doc
予定絵カード（8×8cm）.doc
予定平仮名カード（5×8cm）.doc

【著者紹介】

大高 正樹（おおたか まさき）

・東京学芸大学障害児教育学科卒業。
・大学時代にボランティアで自閉症と呼ばれる子どもと出会い，その感覚に共感し，障害児教育を志す。
・大学卒業後，障害児の放課後サークル指導員や心身障害児学級（現・特別支援学級）講師，小学校講師を経て，東京都新宿区立新宿養護学校教諭となる。
・新任教諭時代から障害児基礎教育研究会に参加，水口浚先生に師事し，障害児教育の基礎を学ぶ。
・現在，東京都立高島特別支援学校教諭。
・専門は，最重度の子どもから文字・数学習以前の子どもに対する学習指導と教材教具の開発。

【イラスト】 すぎやん

● CD-ROMを使用される際のご注意

・本CD-ROMの著作権は，明治図書出版株式会社及び製作者に帰属します。この著作権は法律により保護されています。本CD-ROMの全部または一部を他人へ譲渡・販売・再配布すること，本CD-ROMの内容を授業以外の目的で無断で転載・引用・複製することなどは禁止いたします。
・明治図書出版株式会社及び各著作権者は，本CD-ROMを使用した結果に発生した，あるいは使用できないことによって発生したいかなる損害についても責任を負いかねます。

●動作環境
・Windows対応。
※本書ならびに付属CD-ROMに記載されている会社名，ソフトウエア名は，各社の商標または登録商標です。

【CD-ROM付き】
知的障害のある子への「日常生活」の指導と教材
―楽しく学べる絵カード全データ&学習段階アセスメント表付き―

2014年2月初版第1刷刊 ©著 者	大 高	正 樹
2021年1月初版第11刷刊 発行者	藤 原	久 雄

発行所 明治図書出版株式会社
http://www.meijitosho.co.jp
（企画）佐藤智恵 （校正）関沼幸枝
〒114-0023 東京都北区滝野川7-46-1
振替00160-5-151318 電話03(5907)6704
ご注文窓口 電話03(5907)6668

＊検印省略　　組版所 長野印刷商工株式会社

本書の無断コピーは，著作権・出版権にふれます。ご注意ください。

Printed in Japan　　ISBN978-4-18-063927-4